中國
吉祥民俗文化

下冊

目　錄

叁 節目民俗與吉祥文化⋯⋯⋯⋯⋯**165**

節日民俗
與吉祥文化

（一）傳統節日吉祥民俗文化

中華民族歷史悠久，文化燦爛，先民們在長期的生產勞動和生活中，形成了很多獨具特色的民族傳統節日，如春節、元宵節、清明節、端午節、七夕節、中秋節、重陽節等。這些節日大大地豐富和活躍了人們的文化生活，均從不同側面和角度，反映了民族歷史文化和社會生活，具有鮮明的民族特色和濃鬱的鄉土氣息，包含著廣闊豐厚的文化內涵，可以說節日文化是中華民族五千年文化的精髓，因此至今仍傳承不衰。

中國節日文化源遠流長，博大精深。中國節日有的起源於遠古時代，經過秦漢的發展到魏晉南北朝及唐的進化演變，至宋代進入成熟時期，才基本定型，有了固定的日期、名稱、風俗，以及相關的節慶活動、節日禮儀和飲食習俗等。我們從晉張華的《博物志》，南朝梁宗懍的《荊楚歲時記》，宋高承的《事物紀原》、吳自牧的《夢粱錄》、孟元老的《東京夢華錄》中均可找

到較詳細、全面的記載。總之，節日已與人太平福象們的衣食住行、倫理道德、價值觀念、人際關係、禮儀規範、宗教信仰、審美情趣等方方面面產生著密切關係，凝聚著先民們對美好、吉祥、幸福生活的向往和祈求，傳揚著先民們對真、善、美的崇信和追求，積澱著深厚的中華民族傳統文化和美德。如春節祭祖、清明節掃墓等，是對祖先的祭奠，以示不忘祖先；過年吃團圓飯，中秋節吃月餅，元宵節吃元宵，是祈盼家庭幸福團圓、和和美美；春節放鞭炮、貼春聯和端午節插艾、小孩戴紅兜肚等，都是避邪驅魔，祈求吉祥平安。另如清明節放風箏、踏青，端午節劃龍舟，重陽節登高，傳統上有紀念和避邪意義，隨著時代演變，已成為健身體育活動，有健康、幸福的寓意。正月十五上元節，七月十五中元節，十月十五下元節，合稱「三元節」，是道教祭祀天、地、水三官大帝的專門節日，雖然帶有民間宗教信仰色彩，但目的還是祈求諸神保祐大地安樂、太平福象，具有節日的吉祥意義。

節日文化內涵豐富，幾乎每個節日都有許多憂美動人的傳說故事，都有許多膾炙人口的趣聞軼事，都有很多饒有風趣的民俗和吉祥物，都有很多歷代傳唱不衰的詩詞歌賦，它們均以獨特奇異的風貌展現在人們面前，給人們帶來歡樂喜慶、幸福祥瑞，豐富著人們的文化生活。如春節、元宵節玩獅子、舞龍燈、耍社火，端午節劃龍舟等，這些來源於原始的祭祀舞蹈活動，雖然仍有驅邪的含義，但更重要的是表達人們祈求風調雨順、五穀豐登、國泰民安、和諧幸福的願景，仍有較厚重的吉祥文化內涵。

節日也是人們穿戴裝飾的吉祥標志。如春節小孩戴虎頭帽、穿虎頭鞋等，虎為避邪物，寓意小孩虎頭虎腦、吉祥健康；春節時給小孩的衣帽上縫制春雞，「雞」諧音為「吉」，祈求小孩吉祥平安。即便是小孩的玩具也有吉

祥寓意。如元宵節小孩提燈籠，立春時玩的泥咕咕、春娃，上巳節的泥泥狗，等等。這些節日玩具既表達了長輩對孩子們的美好祝願，也是對兒童的文化啟蒙教育，同時也富有吉祥文化的意蘊。再如春節貼門神、鍾馗像、窗花和各種吉祥紋圖，端午節小孩戴香包，手上戴五彩絲線，戴繡有五毒的紅兜肚等，這些帶有象徵吉祥的物品，雖帶有宗教或迷信觀念，但對促進民間的版畫、剪紙、手工藝的發展有積極作用。同時也體現了民間藝人豐富的想像力和創造力，滿足了人們求祥祈瑞的心理，是一種很好的民間藝術。

另外，節日的日期與吉祥數字也有密切聯繫。如正月初一為春節，三月初三為上巳節，五月初五為端午節，九月初九為重陽節，選取的月、日均為奇數，道教認為奇數為陽，是宗教陰陽觀的反映，但從象徵意義上來說，奇數象徵光明、吉祥、興旺、發達，這是人們積極向上，對未來美好理想的追求和向往，不能不說有積極意義。

節日與飲食文化也有密切聯繫。如春節吃年糕，象徵生活年年高升，是取「糕」的諧音「高」；春節吃魚，象徵年年有餘、吉慶有餘，是取「魚」的諧音「餘」。元宵節吃湯圓，中秋節吃月餅，寓意全家團聚。這些均飽含著人們對美好生活的向往。

中國節日民俗是一個迷人多彩的世界，它以獨特的風姿和藝術魅力展現在人們的生活中，給人們留下深刻美好的記憶。本書主要介紹幾個現在仍盛行的傳統節日，如春節、元宵節、清明節、端午節、中秋節、重陽節等，而對那些已淡化失傳的節日，如二月初二花朝節、三月初三上巳節、六月初六天貺節、七月十五中元節、十月十五下元節等節日不再作介紹。

中國是一個多民族的國家，每個民族幾乎都有自己獨特的、豐富多彩的

節日和風俗，如傣族的潑水節，彝族的六月二十四至二十六火把節，苗族正月十六蘆笙會、二月十五姊姐節，藏族的二月二十九曬佛節，侗族二月亥日的斗牛節，等等，可謂異彩紛呈、各具特色，反映了不同民族的宗教信仰、生產生活、迷信禁忌和傳統禮儀風俗等，折射出各個民族的傳統觀念和生活習慣。這些節日民俗文化對我們瞭解人類歷史、認識社會都有一定的積極意義，是我國非物質文化遺產的一部分，我們應正確認識，並很好地傳承。

近年來，節日民俗文化已受到人們的重視，而且這些節日的吉祥物和吉祥藝術，也已作為我國非物質文化遺產進行傳承。有些快要滅絕的藝術正在搶救中，民間藝人也得到了國家的幫助和關懷。這些節日民俗均已成為一種民族民間文化，受到國家和民間的保護和重視。2008 年，國務院還專門安排清明節、端午節、中秋節分別放假一天，受到全國人民的歡迎。所以說節日已成為民族文化的視窗。節日文化猶如一座豐富多彩的文化寶庫，珍藏著很多傳統文化瑰寶，閃耀著奪目的文化之光。

（二）春節民俗文化與吉祥物

百節年為首。在中華民族的眾多傳統節日中，春節是最隆重、最富有民族傳統特色的節日。求吉避凶、納福迎祥，是我國古代傳統春節先民們的重要心理和理念。追根溯源，春節的吉祥文化和吉祥物多形成於漢代，已有2000多年的歷史。在中國古代，每逢過年，上自帝王宮廷，下至百姓村野，為了祈求國泰民安、風調雨順、五穀豐登、全家康樂幸福、人人吉祥如意，都要舉行各類慶祝活動，非常熱鬧紅火，甚至人們的吃喝穿戴、言行舉止、禮節祭祀、娛樂活動、日常用品等都與求吉迎福緊密聯繫在一起，已形成了一套完整的傳統習俗，受到人們的廣泛重視。所以，直到今天，春節時無論離家再遠的遊子，都要趕回家團聚，僑居海外的華人也都以同樣的方式舉行慶祝活動。勤勞智慧的炎黃子孫，給自己最期盼、最盛大的節日掛滿了五彩繽紛的民族傳統的吉祥花環，如今已引起世人的欽慕。

下面讓我們順著蜿蜒的歷史長河，沿著節日的歷史畫廊，先來領略中國傳統節日——春節那五彩斑斕的各種吉祥民俗吧！

春節，又稱新年，是中國民間傳統節日中最隆重、最熱鬧、最重要的節日。古代又稱元旦、元日、元朔、元辰等。

為什麼古代把春節稱元旦呢？元者始也，旦者晨也。「元旦」一詞最早出自南朝梁蕭子雲的《雅樂歌》「四氣新元旦，萬壽初今朝」中。宋吳自牧在《夢粱錄》中說：「元月朔日，謂之元旦，俗呼為新年。一歲節序，此為之首。」元旦即為一年中第一天的第一個早晨。古時又稱「三元」或「三首」。

即一年之元或一年之首，一月之元或一月之首，一天之元或一天之首。

春節在農曆正月初一，為什麼現在人們把「正」念作「ㄓㄥˋ」呢？這是因為秦始皇姓嬴名政，「政」和「正」兩音相同，為了避諱，秦始皇就下令全國將正月的「正」讀作「ㄓㄥ」。從此，人們把「正月初一」讀作「ㄓㄥ月初一」，一直沿襲至今。1911 年，孫中山領導辛亥革命推翻了中國歷史上的最後一個封建王朝，把公元 1912 年 1 月 1 日立為民國元年 1 月 1 日，把原來的「元旦」改名為「春節」。1949 年中華人民共和國成立前夕，9 月 21 日在北京舉行的中國人民政治協商會議第一屆全體會議上決定：新中國成立後我國改用世界上通用的公元紀年。從此，陽曆 1 月 1 日稱元旦，陰曆（即農曆）正月初一為春節。

春節又俗稱「過年」，你知道春節的稱呼是怎麼來的嗎？說起春節的來歷，還有一個美麗的民間傳說故事呢！

在遠古時候，有個名叫萬年的青年，聰明、勤勞、肯動腦筋。他看到當時節令很亂，農時不准，影響人們的生產、生活，想定個準確的節令。可是，以什麼為標準來定呢？一天，他上山砍柴，坐在樹蔭下休息，看見樹影在移動，受到了啟發，便設計了一個測日影計天時的日晷。可是，天陰沒太陽，影響到測量，他又根據山崖上的泉水有節奏地滴水，發明了一個五層滴壺。天長日久，萬年經過精心觀測，制定了草歷，並以詩記之。

日出日落三百六，周而復始從頭來。
草木榮枯分四時，一歲月有十二圓。

那時的國君叫祖乙，正苦惱於天時混亂，無法觀測，聽說了萬年的發明，很高興，就派身邊的大臣阿衡去把萬年請來。萬年來後把他的日晷儀和漏壺的原理以及他制定的草歷講給祖乙聽。祖乙聽了覺得有道理，派了 12 個童子服侍萬年，讓他繼續觀測。這一切引起了大臣阿衡的妒忌，怕萬年得寵後，他會失落，就暗地派刺客除掉萬年。

一天，萬年正在日月閣上觀察星斗天象，刺客張弓搭箭欲射萬年時，被衛士發現，當場被捉拿。祖乙得知是阿衡的陰謀，便處死了阿衡，並親自登日月閣去看望萬年。萬年指著天象對祖乙說：「現在正是十二個月滿，舊歲已完，新春復始，祈請國君給定個節名吧。」祖乙說：「一年復始，春為歲首，就叫春節吧！」

寒來暑往，春來秋去，萬年又經過精心觀測，細心推算，終於制定出準確的太陽曆。當他把太陽曆獻給祖乙時，已是一個白髮蒼蒼、銀須滿面的老者。國君對萬年的聰明才智和獻身精神深為感動，於是把太陽曆命名為「萬年曆」，並賜封萬年為日月壽星。後來，人們便把春節叫「過年」。過年時人們都要掛上老壽星圖，以紀念德高望重的萬年。這個傳說故事也為春節增添了吉祥美滿的神話色彩。

春節從狹義上講是指正月初一這天。從廣義上講春節是指從臘月二十三過小年祭灶開始，到正月十五元宵節這段時間。所以這段時間各地、各民族的活動、風俗很多。很多風俗都富有濃郁的民族特色和鄉土氣息。如臘月二十三祭灶、掃塵，年三十除夕夜守歲、放鞭炮、貼春聯、剪窗花、貼福字、吃團圓飯、吃餃子、做年糕等。正月初一拜年、祭祖、喝屠蘇酒等，故有民謠曰：

　　　　二十三，糖瓜黏；二十四，掃房子；

　　　　二十五，做豆腐；二十六，去割肉；

　　　　二十七，要宰雞；二十八，把面發；

　　　　二十九，滿香門；三十夜，坐一宿；

　　　　　年初一，忙作揖（拜年）。

還有一首河北《年節歌》與上面這首民謠差不多，大同小異：

　　　　二十三祭灶天，二十四寫聯對。

　　　　二十五做豆腐，二十六割年肉。

　　　　二十七宰年雞，二十八蒸棗花。

　　　　二十九蒙香門，三十夜耗油兒。

　　　　初一初二磕頭兒……

這些民謠均記錄了舊時過年的忙碌日程，但各地略有區別。

灶君朝天欲言事
——灶神與節日吉祥文化

　　從廣義來說，我國過春節從臘月二十三祭灶開始便揭開序幕。中國先秦
已有五祀，即祭祀土地、井、門戶、道路、灶火等神靈。這些神靈都是與人

們日常生活密切相關的。可見，當時已有對灶神的信仰。

西漢時期，無論民間還是宮廷，對灶神信仰更加流行。對灶神的信仰源於對火和灶的自然崇拜，後來逐漸演變為對人物的信仰。古時把炎帝、祝融作為灶神。《禮記·月令》云：「孟夏之月，其炎帝，其神祝融……祀灶。」因炎帝、祝融都是與火有關的神靈，說明了當時已有祭灶敬火的信仰。灶神起先主要是執掌灶火的職能，後來權力擴大，又執掌人的壽夭禍福，成為人們敬奉的吉祥神、保護神。

對灶神的崇拜和信仰主要是祭灶。祭灶又稱送灶、辭灶、小年。南方祭灶在臘月二十四，北方一般在臘月二十三。另一說是官府祭灶在臘月二十三，百姓祭灶在臘月二十四。沿海蛋民（即水上漁家）則在臘月二十五祭灶。因此，舊時有「官三民四蛋家五」之說。

民間又稱灶神為灶王爺、灶君、灶王、廚司命、司命菩薩或灶君司命等。傳說是玉皇大帝封的「九天東廚司命灶王府君」。

據傳，最初的灶神是位女性，《莊子·達生》曰：「灶有髻。」司馬彪注云：「髻，灶神，著赤衣，妝如美女。」灶神既有髻，又穿紅衣，當然是女性。後來道書上把灶神說成是崑崙山上一位老母，叫作「種火老母元君」，專門管理人間住宅之灶和火的，並記下每家人的善、惡之事，每年上天庭上奏。其實，這不過是勸誡人們多行善事，莫做惡事的一種假說。

漢代以後，又出現了男灶神，並且一男二女，或一男一女。男灶神稱灶王爺，女灶神稱灶王奶，也有的只畫灶王爺一人。我們從民間所畫的灶王神像可以看出：在民間的灶王神像上除印有一年的皇曆外，上面還印有「東廚司命」、「一家之主」，兩旁印有「上天言好事，下界保平安」的聯語，以保

祐全家老小平安。由此可見，灶神的職能是察一家之善惡，奏一家之功過，保一家之平安。據《敬灶全書·真君勸善文》曰：灶君乃東廚司命，受一家香火，保一家康泰，察一家善惡，奏一家功過。每逢庚申日，上奏玉帝，善惡簿呈殿，終月則算。功多者，三年之後，天必降之福壽；過多者，三年之後，天必降之災殃。

灶神不僅奏功過，還司壽命長短，所以灶神又稱「司命」、「東廚司命」。祭灶，就是說到了臘月二十三，灶王爺要昇天去向玉皇大帝彙報這家人的善行和惡過。玉皇大帝再根據灶王爺的彙報來進行獎懲。對做善事的家人要增壽降福，對做惡事的家人要損壽降災。灶王爺的彙報實在太重要了，所以，每家對灶神的祭祀都很重視。

送灶多在黃昏時舉行，先在灶王爺面前供上飴糖（用麥芽熬制的黏糖），再敬香。有的地方還把竹篾紮的紙馬和餵牲口的草料堆於灶前，是為灶王爺上天所備的乘騎和草料。供飴糖是讓灶王爺老人家甜甜嘴，多說好話。也有的說是讓灶王爺吃了飴糖把嘴黏住，不讓胡言。祭祀完灶神，把灶王爺神像揭下，和紙馬、草料一起放入灶中燒掉，表示送灶王爺上天了。

送灶是男子所做的事，女子不參與，故民間有「男子不拜月，女子不送灶」之說。

關於送灶的來源，民間還有一個傳說故事。古代有一家姓張的人家，父母去世早，兄弟倆相依為命，哥哥是個能幹的木匠和泥瓦匠，弟弟是個文弱書生。哥哥最擅長壘鍋臺，且壘得又快又好。所以，東家請，西家邀。人家都尊稱他為「張灶王」。張灶王不僅會壘鍋臺，還會勸善和事，誰家有難，他都幫助；誰家發生矛盾，他一去勸說就和解了，鄉鄰們都很尊重他。張灶王

在 70 歲那年的臘月二十三深夜，不幸去世。張灶王一去世，張家可亂了套。原來張家全靠張灶王主持，其弟只會讀書畫畫，不問家事。自張灶王去世後，幾房兒媳婦天天吵嘴，鬧分家，家境漸衰。其弟一籌莫展，誰也不聽他的。

有一天，其弟想出一個辦法，在張灶王周年祭日臘月二十三的時候，說大哥顯靈了，叫家人們去看。全家人來到廚房，只見黑漆漆的灶壁上閃動的燭光中張灶王與張灶奶的容貌若隱若現，一家人都驚呆了。此時，張灶王弟弟說：「昨天夜裏我夢見大哥、大嫂成了仙，因哥嫂平時多做善事，玉帝封他為『九天東廚司命灶王府君』。你們平時好吃懶做，妯娌不和，不敬不孝，大哥很生氣，準備上天稟告玉帝，年三十晚上下界來懲罰你們。」兒女侄媳一聽說這番話，立即跪地連連磕頭，還取來灶王平時愛吃的飴糖供在灶上，懇求灶王饒恕。從此以後，全家人和和氣氣、平安相處，家境又逐漸好起來。街坊鄰居們知道後，一傳十，十傳百，家家也都流傳開來，也仿照張家祭灶。其實灶壁上所顯現的灶王，是灶王弟弟所畫的畫像。後來，鄉鄰們也都請灶王弟弟幫助畫灶王像供奉起來，以祈求全家和氣平安、吉祥幸福，並逐漸形成風俗。周朝時，皇宮還將祭灶神列入祭典，並立下祭灶的禮規，成為固定的儀式。

送灶神七天後，臘月三十除夕之夜還要迎灶，就是迎接灶王爺回來。迎灶時要把新買來的灶王爺、灶王奶神像貼在灶臺牆壁上，以保祐新的一年全家康泰平安。

送灶的風俗在我國南北各地都有。唐、宋時，祭灶風俗更盛行，宋代詩人范成大還專門寫有一首《祭灶詞》，描寫了當時祭灶的風俗，其中後面幾句

都是主祭者的祝詞：

> 古傳臘月二十四，灶君朝天欲言事。
> 雲車風馬小留連，家有杯盤豐典祀。
> 豬頭爛熟雙魚鮮，豆沙甘松粉餌圓。
> 男兒酌獻女兒避，酹酒燒錢灶君喜。
> 婢子鬥爭君莫聞，貓犬觸穢君莫嗔。
> 送君醉飽登天門，勺長勺短勿復云，
> 乞取利市歸來分。

　　清李慈銘也寫有一闋《貂裘換酒・癸亥送灶戲作》詞：「爆竹闐填起。又家家，花餳秸馬，鬢神行矣……」詞寫清朝送灶時家家門前放鞭炮，供祭品香花餳糖、紙幡甲馬，奉送灶神上天。在我國豫鄂皖交界的固始縣，至今還流行一種「灶戲」，就是根據灶王奶郭丁香和灶王爺的婚姻變故而編唱的一種地方戲，2008 年已批准為河南省非物質文化遺產重點專案之一。專家認為，灶戲唱本《郭丁香》為漢族長篇生活史詩，填補了漢民族史詩的空白。

　　我國祭灶的風俗大同小異。大文豪魯迅先生在他的《送灶日漫筆》一文中，對當時江南蘇浙一帶送灶的風俗描寫得更清楚：「灶君昇天的那日，街上還賣著一種糖，有柑子那麼大小，在我們那裏也有這東西，然而扁的，像一個厚厚的小烙餅。那就是所謂『飴牙餳』了。本意是在請灶君吃了，黏住他的牙，使他不能調嘴學舌，對玉帝說壞話。」魯迅先生還有一首《庚子送灶即事》詩：

只雞膠牙糖，典衣供瓣香。

家中無長物，豈獨少黃羊。

　　魯迅不僅是個文學家，也不愧是個民俗學家，在詩中還引用了用黃羊祭灶的典故。據《後漢書‧陰識傳》載：漢宣帝時，有個叫陰子方的人很孝道，但家中很窮。臘日祭灶時，家中沒有什麼東西可祭，就將僅有的一隻黃羊殺了用來祭祀，後來交了好運，家境繁昌。於是，祭灶時殺黃羊的風俗流傳開來。這個典故一方面說明了人們對保護神、吉祥神灶神的虔誠；另一方面也說明了人們祈求灶王保祐家人平安康泰、家庭繁榮昌盛的心理和信仰。

春節來到打塵埃
——掃塵與節日吉祥文化

　　民間在臘月二十三祭完灶後，到臘月二十七這段時間叫「掃塵日」、「除塵日」。因為掃塵是為了迎接春節的到來，又稱「迎春日」。北方稱為掃房、除殘、打塵埃，南方叫作撣塵、除塵等。不管怎麼叫，其實就是年終大掃除。這是我國素有的、良好的講究衛生的傳統習俗。

　　每逢春節來臨，大江南北，家家戶戶都要打掃屋內和庭院，撣拂塵埃蛛網，拆洗被褥窗簾，清洗各種器具，甚至包括沐髮洗浴，然後糊上新窗紙，貼上大紅窗花，到處呈現出一片歡歡喜喜、乾乾淨淨迎新年的歡樂氣氛。

　　我國春節前掃塵的風俗形成較早，《呂氏春秋》中已有記載，在堯舜時

代就有春節前掃塵的習俗。因民間認為，「塵」與「陳」諧音，其用意是把一切「窮氣」、「晦氣」掃出門，有除陳布新、辭舊迎新、除災迎福之寓意。宋吳自牧《夢粱錄》亦記有：「十二月盡，俗云月窮歲盡之日，謂之除夜，士庶家不以大小家，俱灑掃門閭，去埃穢，淨庭戶。」清秦嘉謨《月令粹編》云：「十二月二十四日掃屋塵，名曰『除殘』。」清顧祿《清嘉錄》云：「臘將殘，擇憲書宜掃舍宇日，去庭戶塵穢。或在二十三日、二十四日及二十七日者，俗呼『打塵埃』。」可見，掃塵的風俗由來已久。古時掃塵的日子也不確定，二十三日至二十七日均可。

據說，臘月掃塵原本是避邪除祟的，民間又叫「收瘟鬼」。這雖然是種迷信說法，但春節前打掃衛生，確是淨化環境、有利健康的憂良傳統。

古代有關掃塵的由來，民間還流傳著一個詭異有趣的故事。古人傳說，每個人身上都附有一個三尸神，他一直形影不離地跟隨著人，監察人的行為。

三尸神是個愛撥弄是非、阿諛奉承、制造事端的邪神，經常在玉帝面前把人間說得醜陋不堪。久而久之，玉帝認為人間是個充滿罪惡的骯髒世界。

有一次，三尸神又在玉帝面前挑撥說人間在咒　玉帝，想犯亂謀反天庭。玉皇大帝大怒，立即降旨諸神察明人間犯亂之事，對凡是咒　神靈的人家，將其罪行均記錄簿上，再讓蜘蛛織網為記，在除夕之夜派靈官下界，把凡是有蛛網作記號之家滿門抄殺。三尸神見此計得逞，暗暗高興，乘機下凡界把每家屋簷牆角都讓蜘蛛布上網作記，好讓靈官來個斬盡殺絕。

灶神得知三尸神行惡作案之事，非常焦急，但又不能向人們講明三尸神的陰謀，只好立即通知各家灶神在臘月二十三送灶之日到除夕迎灶前，要把

房屋打掃得乾乾淨淨，特別是蛛網塵穢一定要清除，不然灶神就拒不進門。每家都按照灶神之囑，清掃庭院，撣除蛛網，洗淨器皿，煥然一新。

除夕之夜，靈官遵照玉帝的旨意下界來察看人間時，見家家戶戶乾乾淨淨，窗明几淨，燈火輝煌，闔家歡聚，祥和安樂，美好無比，不像三尸神所說的那樣。靈官更找不到結有蛛網的記號，心中十分奇怪，急忙趕迴天庭向玉帝稟報。玉皇大帝一聽，立即押來三尸神審問。三尸神見陰謀暴露，只好如實招來，玉帝責令打三尸神三百鞭，並打入天牢。

由於灶神的好心搭救，人間免遭了一次劫難。人們為了感謝灶神為人間消災除祟、賜福降祥，每年都在臘月二十三到春節前把房屋打掃得乾乾淨淨，好在除夕之夜迎接灶神回來，保祐一家人的平安吉祥。

關於在臘月二十三日到二十七日掃塵的習俗，在曹雪芹的《紅樓夢》第五十三回中就有描寫：「小廝們抬圍屏，擦抹几案、金銀供器……」說明清代人們就已經重視在臘月二十三掃塵了。

隨著歷史的變遷，現在很多風俗已被淡忘，而春節前掃塵卻已成為文明習俗，仍然保留著。

總把新桃換舊符

——門神、春聯與節日吉祥文化

新春佳節來臨，家家戶戶將五彩繽紛的門畫、大紅的春聯貼於門上，頓覺萬象更新，大地回春，一種節日熱鬧喜慶的氣氛撲面而來。

　　春節貼門神、春聯，是我國的一個重要傳統習俗。門神在我國起源較早，有說是起源於黃帝時期。《三教源流搜神大全》記有：東海度朔山有大桃樹，蟠曲三千里，其卑枝向東北，曰鬼門，萬鬼出入也。有二神，一曰神荼，一曰鬱壘，主閱領眾鬼之出入者，執以飼虎，於是黃帝法而象之，因立桃板於門戶上，畫神荼、鬱壘，以御凶鬼。此則桃板之制也。蓋其起自黃帝，故今世畫神像於板上，猶於其下書「左神荼」，「右鬱壘」，以元日置之門戶也。

　　認為懸掛門神神荼、鬱壘像起源於黃帝時期，有些牽強附會。但貼門神的習俗始於我國漢代，是比較可信，也是有據可查的。漢王充《論衡‧訂鬼》云：「凶禍之家，或見蜚屍，或見走凶，或見人形，三者皆鬼也。或謂之鬼，或謂之凶，或謂之魅，或謂之魖。」因為，先民們早有鬼魅觀念，漢代迷信鬼魅更甚。春節喜慶之日，為防鬼魅入室作祟，危害家人，用桃木刻製神荼、鬱壘二神像，立於門戶，這是可信的，也是自然的。

　　那麼，古代為什麼要用桃木刻繪神荼、鬱壘二位吉祥神像呢？這是基於古人對桃木驅邪功能的崇拜。《典術》云：「桃乃西方之木，五木之精，仙木也，味辛、氣惡，故能壓伐邪氣，制百鬼。」用桃木畫神荼、鬱壘二位吉祥神以驅鬼，在古代典籍中記載較多，據漢末應劭《風俗通義‧祀典》載：上古之時，有神仙兄弟二人，一名神荼，一名鬱壘，居住於風景秀麗的度朔山下。山上有一棵蟠曲三千里的大桃樹，就像一扇天然的大門。度朔山上有各種妖魔鬼怪，要出門就要經過這扇鬼門。玉帝為防鬼怪下山到人間作祟，就讓神荼、鬱壘把守在門口，如果發現有鬼怪下山禍害人類，便用葦索捆縛起來喂老虎。從此，人們便把神荼、鬱壘崇拜為驅鬼魅、保平安的吉祥門神。

過年時，便用兩根桃木刻成神荼、鬱壘像，置於門戶，以示驅鬼壓邪。漢張衡《東京賦》就記有：「度朔作梗，守以鬱壘，神荼副焉，對操索葦。」是說以度朔山桃木作材料，刻神荼、鬱壘，手中拿有葦索縛鬼。

魏晉南北朝後，由於木雕人像太費事，人們便用桃木板分別畫上神荼、鬱壘的像，有的乾脆就寫上兩人的名字，稱作桃符。南朝梁宗懍《荊楚歲時記》云：「歲旦，繪二神披甲執鉞，貼戶左右，左神荼，右鬱壘，俗謂之門神。」

到了唐朝，以神荼、鬱壘為門神的同時，又出現了以歷史人物和傳說人物為對象的門神。唐代就出現了以鍾馗、尉遲恭（字敬德）、秦瓊（字叔寶）為對象的門神。

關於以尉遲恭、秦瓊作門神，歷史上還有一個典故。據《三教源流搜神大全》載：唐太宗李世民患病不愈，總覺寢宮外每晚都有鬼魅往屋內扔磚瓦，奇呼怪叫，夜不得安寢。唐太宗便將此事告訴群臣。唐開國功臣大將秦瓊和尉遲恭自願在寢宮門口為皇上守夜驅鬼。唐太宗同意後，兩人披盔戴甲，手執武器，堅守了一夜。這一夜果然沒有鬼魅驚擾，唐太宗睡了個好覺。接連幾天都是如此，唐太宗身體、精神逐漸康復。唐太宗不忍心兩位大將每晚為自己守夜，就命畫工將兩位大將的威武形象畫下來，貼於門上，仍然有效。後來，此事傳到民間，百姓也以秦瓊和尉遲恭畫像為門神，以驅鬼魅。

隨著時代的變遷，門神的繪畫對象也越來越多，並有武門神和文門神之分。武門神除神荼、鬱壘、鍾馗、秦瓊、尉遲恭外，還有趙雲、馬超、孫臏、龐涓、蕭何、韓信、岳飛、文天祥等。這些都是人們崇敬的功臣名將，

寄有驅鬼鎮邪之願望。文門神多以天官居多，寄予人們吉祥發財、加官晉爵的願望。至今，春節貼門神之俗仍在我國廣泛流行，所繪畫內容更豐富多彩，已改稱門神為門畫，用以表達人們對美好幸福生活的祈願與追求。

　　古代春節除掛桃符外，到了五代的時候，又興起貼春聯。春節貼春聯亦源於掛桃符，基本上是由掛門神的習俗演變派生而來。春聯又稱門對、對聯、門貼等，可以說是以寫吉祥詞的文字形式來表達吉祥如意的吉祥物。據傳，五代十國的後蜀國主孟昶在公元 964 年的除夕，令學士辛寅遜在桃符上寫兩句吉語獻歲。可是，孟昶對辛學士所題不中意，就自己親筆寫下「新年納餘慶，嘉節號長春」的聯語。此後，這便成為我國的第一副春聯。春節以吉語題寫春聯的風俗被文人視為一種雅事，流行開來。

　　到了唐、宋時期，春節貼春聯已成為一種社會風尚。《宋史·五行志》載：「（除夕）命翰林為詞題桃符，正點，置寢門左右。」宋吳自牧《夢粱錄》亦有除夕夜「釘桃符，換春牌」的記載。吳自牧所說的「春牌」，當是原始的春聯。

　　春節用紅紙題寫吉祥語成為年俗在民間普及應是明代以後的事。據清陳尚古《簪雲樓雜說》載：明太祖朱元璋十分喜好春聯，定都金陵（今南京）後，即下令除夕時公卿士庶之家都貼春聯，他還要微服出行，逐門觀賞春聯，以此為樂。

　　有一次，他見一家門戶上沒有貼春聯，經詢問，方知這家是閹豬之戶，因年前忙，自己又不會寫，所以沒有貼春聯。明太祖聽後，叫人取來文房四寶，欣然揮毫寫道：「雙手劈開生死路，一刀割斷是非根。」寫完投筆而去。

　　第二天，朱元璋又來到這戶人家，不見他親筆題寫的對聯貼出，令人去

詢問原因，戶主回答說：「知是御書，高懸中堂，燃香祝，為歲道之端。」朱元璋聽了很高興，賞賜其三十兩銀子，讓其改行。傳說未必可信，但這個故事說明了明太祖的確喜歡春聯。

從宋代以後，為了書寫方便，便用紅紙代替桃板。因用紅紙喜慶吉祥，民間崇尚紅色，春節用紅紙寫春聯，鮮豔奪目，喜氣洋洋，確為新年增添了不少喜慶氣氛。清富察敦崇《燕京歲時記》載：「春聯者，即古之桃符也。自入臘以來，即有文人墨客，在市肆簷下書寫春聯，以圖潤筆。祭灶之後，則漸次黏掛，千門萬戶，煥然一新。」

到了清代，春聯已發展成為一種應用十分廣泛的文學形式，它不僅運用於春節，而且在社會交際、婚喪嫁娶、宴會慶典等活動中也廣泛應用。不過，春節貼的稱「春聯」，其它的則稱婚聯、壽聯、楹聯、賀聯等，名目繁多，應用十分廣泛，春聯已成為文學藝苑中的一枝奇葩，受到人們的普遍歡迎。

面目猙獰膽氣粗
——鍾馗與節日吉祥文化

鍾馗作為吉祥神被人們敬奉，主要是他曾作為門神驅鬼避邪。原來在桃木板上所畫的神荼、鬱壘形象的門神，到了唐代被鍾馗所代替。

為什麼唐代把鍾馗作門神呢？這裏還有一個傳說故事。宋沈括《補筆談》曾記有：唐朝開元年間，唐明皇因病臥榻月餘。一天夜裏，唐明皇夢見一個

大鬼和一個小鬼。先夢見小鬼穿赤衣，牛犢鼻，一隻腳穿鞋，一隻腳赤足，來盜楊貴妃的紫香囊和唐明皇的玉笛，繞宮殿奔跑時被唐明皇看見。唐明皇正準備令武士捉拿，忽然過來一個戴著帽子、穿藍袍、一臂袒露的大鬼，捉住小鬼，挖掉小鬼的眼睛後把小鬼吃掉了。唐明皇驚問他是誰。大鬼回答說：「臣乃鍾馗，殿試時落榜，今誓為陛下掃盡天下妖孽。」

唐明皇從夢中驚醒，病也就好了。於是就召當時的著名畫師吳道子，將他夢中所見鍾馗的形象畫出來。吳道子按唐明皇所說，很快畫出了鍾馗像。唐明皇大悅，賞吳道子百金，並詔告天下。從此，就有了掛鍾馗當門神，驅鬼避邪的習俗。

其實，這僅是一個傳說故事，不可信。後據考證，鍾馗作門神主要是因為古人喜歡這個名字。據說沈括曾考證南朝劉宋時大將軍宗愨之妹名就叫鍾馗，後魏還有個叫李鍾馗，隋將中有喬鍾馗、楊鍾馗。沈括在《補筆談》中說：「鍾馗之名從來亦遠矣，非起於開元之時，始有畫耳。」清顧祿《清嘉錄》也說：「鍾馗即終葵，古人多以終葵為名，其後誤為鍾馗。俗畫一神像貼於門，手執椎以擊鬼。好怪者遂以相傳鍾馗能啖鬼，又作鍾馗圖，言鍾馗為開元進士，尤為無稽。」

為什麼古人喜歡以「終葵」為名呢？終葵本為一種椎（即今棒槌），古人在舉行大儺儀式時，常揮舞終葵驅鬼，後人便以此為驅鬼之具，因為鬼魅也害怕此具。所以古人用此名，含有避邪驅鬼的吉祥寓意。《禮記・王藻》云：「終葵，椎也……蓋古人以椎逐鬼，若大儺之為耳……」清顧炎武《日知錄・終葵》云：「《魏書》：『堯暄本名終葵，字避邪。』則古人固以終葵為避邪之物矣。又有淮南王佗子名鍾葵。有楊終葵、李終葵、慕容終葵、喬終

葵……則以此為名者甚多。」

唐、宋時鍾馗畫像頗多，都是作為打鬼啖鬼的吉祥神出現，也說明當時以鍾馗作門神之俗已盛行。

民間流傳有關鍾馗的傳說故事頗多，最多的當數「鍾馗嫁妹」之說。故事是講：鍾馗落第後觸階自殺，好友杜平為其安葬。鍾馗為好友埋骨之恩所感，遂率眾小鬼將妹妹送至杜平家，杜平與其妹完婚。

這個故事為鍾馗增添了不少人間煙火味和感恩的人情味。後來，根據此故事情節又改編成多種戲劇和繪成各類圖畫。明代《十二月月令圖》就畫有鍾馗迎福、驅魅嫁妹的吉祥圖。明文震亨《長物志》云：「懸畫月令，十二月懸鍾馗迎福、驅魅嫁妹。」後來鍾馗又由門神被請進中堂，民間畫鍾馗仗劍捉蝠的年畫，名為「鍾馗迎福」。鍾馗在民間的地位和聲譽不斷提高，使鍾馗不僅有打鬼保平安的吉祥寓意，又有了趨吉降福的吉祥含義。

鍾馗的形象猙獰恐怖。他身著綠袍，頭戴烏帽，腳蹬吉莫靴，眼若點漆，亂髮如虯，猩紅嘴唇，長髯如戟。但他疾惡揚善，驅鬼降福，仍受到詩人們的讚頌。清代詩人李福《鍾馗圖》詩云：

面目猙獰膽氣粗，榴紅蒲碧座懸圖。

仗君掃盡麼麼枝，免使人間鬼畫符。

清盧毓嵩亦有《鍾馗圖》詩，把鍾馗形象描繪得更生動具體：

榴花吐焰菖蒲碧，畫圖一幅生虛白。

綠袍烏帽吉莫靴，知是終南山裏客。

眼如點漆髮如虯，唇如猩紅鬢如戟。

看盡人間索索徒，不食煙露食鬼伯。

鍾馗雖然面貌猙獰醜陋，但他為人間驅鬼降福辦好事，人們還是把他作為吉神來敬奉。

爆竹聲中一歲除
——爆竹與節日吉祥文化

「爆竹聲中一歲除。」每逢春節來臨，無論是城市還是農村，「劈劈啪啪」的爆竹聲此起彼伏，好不熱鬧。特別是除夕之夜，爆竹聲更是響徹天宇、震耳欲聾，把節日氣氛烘託得熱鬧非凡。

爆竹，又稱「爆仗」、「爆竿」、「鞭炮」等，是民間人們最喜歡的吉祥物。

爆竹的歷史也較悠久，相傳源於商周時期的「庭燎」。在《詩・小雅・庭燎》篇中即有「庭燎之光」的記載。《周禮・秋官》亦曰：「凡邦之大事，共墳燭、庭燎。」漢鄭玄注：「樹於門外曰大燭，樹於門內曰庭燎，皆所以照眾為明。」所謂「庭燎」，就是用竹竿制作的火炬燃燒後，竹節裏空氣爆脹炸裂發出的「劈劈啪啪」的響聲，這即是爆竹的由來。

爆竹原本是照明之用，後又傳可驅山魈惡鬼。據東方朔《神異經》上所

說：西方的大山上住著一個有一尺來長的怪物，叫「山魈」，又稱「山臊」。誰要是碰上它，就會得一種寒熱病，很快就會在痛苦中死去。相傳山魈怕火，怕響聲，人們便以竹竿點燃後發出的「劈啪」聲將山魈嚇跑。

傳說，山魈喜歡在過年時下山，人們都害怕它。有一次，過年夜，山魈來到一窮人家。由於冬天寒冷，這家人正用竹子點燃後取暖，竹節燃燒後發出「劈劈啪啪」的響聲。山魈看見火光和聽見響聲掉頭就跑，這家人平平安安過了年夜，沒有受到山魈的侵害。人們聽說了這件事後，也都找來竹子在庭中點燃，既取了暖又嚇跑了山魈。從此，山魈再也不敢下山來侵害人了。後來，春節燃爆竹成為一種驅鬼求吉的民俗，爆竹也成為人們求吉喜慶的吉祥物。南朝梁宗懍《荊楚歲時記》曰：「正月一日，是三元之日也。春秋謂之端月。雞鳴而起，先於庭前爆竹，以闢山臊惡鬼。」由此可見，「爆竹」一詞是由燃竹爆響而來。

到了魏晉時期，人們發現用硝石、硫黃和木炭合在一起燃燒爆炸聲音更響，從而發明了火藥。當時有個叫馬均的人，把火藥填入竹筒中燃放，從此又有了「爆仗」、「炮仗」之稱。宋高承《事物紀原》曰：「馬均始制爆仗。」

宋代造紙術的發明，助長了爆竹的盛行。人們普遍用紙來代替竹筒包火藥做成爆竹，這樣更方便省事了。清顧張思《土風錄》曰：「紙裹硫磺，謂之爆仗，除夕歲朝放之。」《會稽志》亦有：「除夕爆竹相聞，亦有以硫磺作爆藥，聲尤震厲，謂之爆仗。」此時，還有人把爆竹編成串，像趕馬車用的竹鞭，拴在竹子上放，聲響持續時間長，聲音清脆又似拋鞭聲，故又稱「鞭炮」。這樣一來，爆竹更豐富多彩了，放爆竹更加流行。宋代時除夕之夜爆竹之聲已通宵不絕。宋孟元老《東京夢華錄》就記有：「是夜，禁中爆竹山呼，

聞聲於外。」宋吳自牧《夢粱錄》亦曰：「是夜，爆竹嵩呼，聞於街巷。」但
宋時放爆竹仍包含有驅鬼求平安的信仰。宋代詩人范成大《爆竹引》詩中即
說：

> 一聲兩聲百鬼驚，三聲四聲鬼巢傾。
> 十聲八聲神道寧，八方上下皆和平。

宋王安石的《元日》詩：「爆竹聲中一歲除，春風送暖入屠蘇。」更是老
少皆知。放爆竹已成為人們過年最具特色、不可或缺的民俗事象之一。

明、清時期，春節放爆竹仍有驅邪之意。清代詩人李光庭《爆竹》詩
云：

> 何物能驅疫？其方用火攻。
> 名猶沿爆竹，象乃肖裁篍。
> 驚破山臊膽，旁參鬱壘功。
> 兒童休掩耳，茅塞一聲通。

此時，人們放爆竹又增加了一層意思，用於迎神。按照中國人的傳統信
仰觀念，迎神仍是為了驅邪。因為神受人敬奉，除驅邪外，還會給人帶來幸
福吉祥安寧。《燕京歲時記》曰：「每屆初一，於子（時）初焚香接神，燃爆
竹以致敬，連宵達巷，絡繹不絕。」

清代以後，爆竹成為迎神吉祥物後，又增加了喜慶、祝賀的功能，運用

範圍也更加廣泛，無論傳統節日、男婚女嫁、祈子拜壽、開業慶典、喬遷新居等，大凡喜慶活動都少不了燃放爆竹。而且，爆竹的品種也不斷增多，並與焰火結合有上千種之多。爆竹已經成為人們不可缺少的吉祥物。在吉祥圖案中有繪有兩童子放爆竹的「竹報平安」紋圖，有繪有花瓶和數個爆竹的「歲歲平安」紋圖，等等。這些都富有求吉、迎祥、納福的文化內涵。

年糕意取年年高

——年糕與節日吉祥文化

春節是中國傳統節日中最隆重、最熱鬧的節日。民以食為天，所以春節的飲食也最豐富多彩。如吃團圓飯、年糕、餃子等。這些都已成為靚麗的民俗風景線，成為與賀歲求吉有關的吉祥物，富含有各種文化象徵意義。

年糕，是我國很多地區過年必備的吉祥食物。春節吃年糕，是取「糕」的諧音「高」。因中國人觀念中有求高的心理，種田人求糧食豐收高產，買賣人求生意興隆高利，官場人求仕途步步高升，讀書人求金榜高中。總之，春節吃年糕有希望新的一年萬事順意，生活步步提高，以討吉利的吉祥寓意。故明劉侗、於奕正《帝京景物略》中說京城人於正月元日「啖黍糕，曰年年糕」。並有《年糕》詩云：「人心多好高，諧聲制食品，義取年勝年，藉以祈歲稔……」年糕正是舊時人們祈願歲熟年豐，生活一年比一年更好的佳節吉祥美食。

年糕的品類較多，主要有南式和北式之分。南方年糕主要用糯米制成，

而北方的年糕多用有黏性的黍米做成。無論北方還是南方，年糕都有黏性，
又稱「黏黏糕」，取諧音為「年年高」，含有萬事年年提高的吉祥文化含義。

南方制年糕叫打年糕。進入農曆臘月，家家戶戶都開始打年糕。其方法
是把淘洗乾淨的糯米先蒸熟，然後倒入石臼中，趁熱由兩三個人用木棒杵
之，並邊杵邊翻。打好後放在鋪有米麵的面板上用　麵杖壓平，待冷卻後再
用刀切成大小一致的方塊形。

年糕存放時要用乾淨的水泡上，才不會乾裂。經常換水，可存放數月。
吃年糕可用油炸、油煎、火烤、水煮，拌糖或蜂蜜一塊吃。年糕綿軟柔潤，
黏糍可口。

關於年糕的來歷，江南有一種傳說。春秋時期，吳國和越國經常交戰。
吳王夫差便命大夫伍子胥在蘇州構築闔閭城，以防越國的侵犯。伍子胥遵令
如期完成築城任務，吳王為他設筵慶功。酒筵時，席間四座皆歡，唯獨伍子
胥對吳王不以富國強兵來加強國力，而是靠築城來被動防禦感到不滿。在慶
功席上，伍子胥一直悶悶不樂、憂心忡忡。伍子胥回營後悄悄對一位隨從他
的將領說：「我死後，吳國必遭難，有困城之災。等到城中百姓沒有東西吃的
時候，你可帶領百姓到閶門（蘇州城西門），掘垣三尺，挖出的糯米磚可洗淨
食用。」

後來，伍子胥又因進諫吳王不遂遭讒而自刎。

正如伍子胥所預言，不久，吳國被越國打敗，困守在蘇州城內數月，百
姓民不聊生，因缺糧，餓殍遍野。時值年關，曾跟隨伍子胥的將領想到伍子
胥的遺囑，便於臘月三十那天，攜眾人往閶門掘牆三尺。原來這裏地下城牆
用的不是泥沙燒制的土磚，而是糯米打製成的糯米磚。正是這些糯米磚拯救

了全城民眾。蘇州城裏的人為紀念伍子胥，不忘伍子胥的恩德，在每年春節時家家都要做「糯米磚」（即長方形的年糕）。因「糯米磚」是在過年時吃的，所以，後來又改稱為「年糕」。

在南方，年糕還是過年走親戚、拜年的禮品。送親戚朋友年糕有祝賀生活步步提高、學生考試高中、生意利市高發之意，真乃美名美意之美食。

新年水餃著齒鮮
—— 餃子與節日吉祥文化

餃子也是我國春節寄託人們美好願望的傳統吉祥食物。

餃子開始叫餛飩，三國魏時張揖在《廣雅》中即把餛飩稱「餃子」。南北朝北齊人顏之推《文集·家訓》曰：「今之餛飩，形如偃月，天下通食也。」偃月，即半月，是說當時餛飩的形狀，與今天的餃子形狀一樣。因為當時的餃子是連湯一塊吃，所以叫「餛飩」，也有稱「餛沌」、「渾屯」，音同字不同，均指今天的餃子。

餃子為什麼稱餛飩呢？傳說世界在生成之前為混沌狀態，盤古開天闢地，才有宇宙四方。因餃子與水一塊煮成混沌狀，又因為是食品，故加食字旁，改混沌為餛飩、飩等。另有傳說在漢朝有匈奴渾氏、屯氏兩氏族侵擾漢民，漢民對其恨之入骨，便用麵包肉餡煮食，呼為「渾屯」，以解心中之恨。用來表達人們祈求和平安詳的願望。

餃子還有很多別稱。唐代時稱餃餌、水角餌；宋代時稱角子、粉角；元

朝時蒙古族和回族稱餛飩。大都因其形狀而得名。「水角餌」是取其諧音和兒化音。明張自烈《古今文辨》中曰:「水餃餌……北方人讀『角』為『矯』,因呼餃餌,故為餃兒。」

據說水餃稱「水矯餌」成為春節食品是從漢朝傳下來的。相傳醫聖張仲景在寒冬臘月,看到窮人的耳朵被凍壞了,很是同情。他便用羊肉、辣椒和一些具有祛寒、溫熱功能的茴香、八角等中藥材制成一種餡,再用麵包起來,下入鍋內煮熟,讓窮人吃。他稱這種中藥食品為「祛寒矯餌」。窮人們吃了這種用中藥制成的「祛寒矯餌」後,渾身發熱,兩耳燒灼,很快耳朵凍傷就好了。從此後,人們便按張仲景所傳的藥方配制,和羊肉、牛肉一塊制成餡,再用麵包成耳朵形,寒冬時吃,以防凍傷。因春節在隆冬,餃餌逐漸成為春節人們最喜歡吃的一種食品。

餃子真正成為春節的吉祥食品,是在明朝中期以後,並被賦予了種種吉祥如意的含義。餃子名稱的真正來源是我國地支紀時法。舊時北方臘月三十夜,家家都有包餃子的習俗,待到半夜零點,闔家老少都要吃餃子。因臘月三十夜的 23 時至新年正月初一的 1 時,正好交子時,有「一夜連雙歲,子時分兩年」之詩句,所以稱「交子」,以示更歲交子,除舊迎新,新的一年交上子午好運之意。明沈榜《宛署雜記》云:「元旦時盛饌同享,各食餛飩,名角子,取更歲交子之意。」這裏的「元旦時」,即是指新年子時的下半辰——正月初一的 1 時。

古人為什麼要在交子時吃餃子呢?相傳,古人期望把過去一年所發生的不如意的煩惱事,像吃餃子那樣一塊吃掉,祈求新的一年吉祥如意。另傳,吃餃子還有祈求來年早生貴子,全家人丁興旺,孩子有出息的意思。因餃子

為食品，後來又加上「食」字旁，即為今天的「餃子」。此俗一直流行到今天，很多地方仍有除夕之夜子時吃餃子的風俗。

餃子成為吉祥物，還因有些地方根據其形狀美稱為「銀元寶」，除夕之夜子時吃，有象徵「新年大發財，元寶滾滾來」之意，寄託著人們「招財進寶」的美好願望。

春節時，人們為了增強餃子的吉祥文化內涵，用來表達美好願望，還把各種吉祥物作餡包進餃子裏，如包進一塊糖，誰能吃到，表示新的一年生活甜蜜美好；把棗子、栗子包進餃子裏，讓新媳婦吃，表示早生貴子之意；包進花生仁讓老人吃，表示老人健康長壽；包進錢幣讓家人吃，表示生財有道，財運亨通。

但除夕子時吃餃子也有忌諱，如煮破的餃子不能說「破了」、「壞了」，而要說「掙了」。這些忌諱也帶有古人求吉納祥的寓意。

「坐轎不如躺著，好吃莫過餃子。」這是我國民間流傳的一句俗諺，充分反映了餃子的好吃和人們對餃子的喜愛之情。

餃子這一我國美味傳統食品，具有獨特風味。一般餃子分葷、素兩大類。葷餡多為豬肉餡、牛肉餡、羊肉餡及各種三鮮餡（用雞肉、海參、蟹肉為餡的稱「上三鮮」；用豬肉、蝦肉、海參為餡的稱「中三鮮」；用豬肉、木耳、雞蛋為餡的稱「下三鮮」），這些都是混合餡。素餡更多了，白菜、蘿蔔、韭菜、薺菜、冬瓜、番茄、豆腐、茴香、芹菜、香菇等，均可入餡。可謂百家百味，各有所勝。關鍵是在作料和調餡。現在已有酸、甜、咸、辣、麻、怪等多種風味。吃法或煮、或炸、或煎、或蒸等均可。

餃子為什麼好吃呢？是因為其餡被麵包住，味道不易散失，營養不易流

失，餡裏的蛋白質可分解出各種氨基酸，所以營養豐富，味美可口。在清何
耳、易山的《燕京竹枝詞》中，有一首專門贊詠《水餃》的詩云：

> 略同湯餅賽新年，薺菜中含著齒鮮。
> 最是上春三五日，盤餐到處定居先。

詩中把「三五日」（即正月十五元宵節）時制作、食用水餃的情況生動
地描繪了下來，並特寫出了薺菜水餃鮮美好吃的味道。

家家家裏闔家歡
——年夜飯與節日吉祥文化

年夜飯又稱團圓飯、團年飯，俗稱闔家歡，是春節人們最重視的一頓
飯。

春節闔家團圓，歡聚一堂，其樂無窮。即使是羈旅他鄉千里萬裏的遊
子，再忙也要在年三十趕回家與家人一起吃這頓團圓飯。如果因某些特殊原
因不能回家吃團圓飯的，家人也要為他們留一個席位，擺上一套碗筷，以示
團圓。所以，舊時俗言有：「有錢沒錢，回家過年。」「回家過大年，吃頓團
年飯。」

過去春節又稱過大年，老人們都盼過大年時子女們都平平安安回家，團
團圓圓吃上這頓飯。這裏深藏著多麼深厚的親情啊！很多外國人不理解，中

國人千里萬裏往家趕，為吃這頓團圓飯，真是太神奇了！他們哪裏知道這頓團圓飯所積澱、承載的歷史和文化真是太厚重了，可以說沉甸甸的。它既深藏著對祖先、神明及萬物的感激和虔誠，又表達了對親情、鄉情的眷戀和懷思，同時也深含辭舊迎新之意，祈願新的一年平安健康、吉祥如意。

　　春節闔家吃團圓飯的風俗在我國歷史悠久，至遲在周代已有，一直流傳至今。古籍中多有記載，清顧祿《清嘉錄》中記載得較詳細：「除夕夜，家庭舉宴，長幼咸集，多作吉利語，名曰『年夜飯』，俗呼『闔家歡』。」清周宗泰《姑蘇竹枝詞》亦云：

妻孥一室話團圓，魚肉瓜茄雜果盤。
下箸頻教聽讖語，家家家裏闔家歡。

　　為什麼春節要吃團圓飯呢？相傳古時候有一隻怪獸，平時都躲在深水裏，只有到除夕夜裏才出來害人。每當除夕夜，人們老早都熄燈躲在暗處，怕被怪獸發現後吃掉。

　　有一年，來了一位穿紅袍的老人，讓大家不用害怕，都聚在一起，盡管吃飯談笑，門外貼上紅紙，屋內點上燈。他拿著兩把刀在砧板上剁個不停。那怪獸上岸後，看到很多人家門上都貼有紅紙，燈火通明，加上剁砧板聲，它嚇得掉頭逃回水裏。

　　過了除夕，人們見怪獸果然沒來侵害大家，互相祝賀。從此後，家家戶戶每年都貼紅對聯和門神，張燈結綵，用砧板剁餃子餡和丸子料等，大家聚在一起吃喝說笑，其樂融融。

舊社會，窮人家過年如過關，所以稱「年關」。即使家中沒有什麼可吃，也有剁砧板的習俗。鄧雲鄉《燕京鄉土記》就記有這麼一個悲慘淒涼的故事。一家窮人，丈夫因躲債年三十晚上還不敢回家，家裏不用說備年貨了，連年夜米也沒有一粒。女人在家哄小孩睡後，聽見別人家忙做年夜飯剁砧板的聲音，痛苦萬分，就只好拿刀空剁砧板，一邊剁砧板，一邊淚水潸然落下……真讓人心酸。

團年飯因闔家團聚，是一年中最講究、最豐盛的一頓飯。比如在菜肴的安排上，上菜數量要成雙，喻好事成雙。上十道菜寓「十全十美」、「十全大福」的吉祥之意。團年飯少不了肉丸、魚丸。丸子象徵團團圓圓。團年飯還必須上一條魚，謂「年魚」，取意「年年有魚（餘）」。一般來說，「年魚」是不能吃的，有些地區可以吃，但必須留頭留尾，謂之有頭有尾，象徵來年做事有始有終。江南地區，特別是廣東、香港，團年飯必須上一道髮菜，取「髮菜」的諧音「發財」，就是祈望來年發財。

團年飯作為春節祈求來年大吉之風俗，舊時有些地區作為祭祀供奉祖先和神靈的供飯，除夕是不讓吃的；有些地區是可以吃的，但必須留下一部分，待初一到十五這段時間吃，稱為「年根飯」。南方年根飯是用糯米做成的，故意做得很多，說是剩飯越多越好，可用作來年的飯根，象徵富貴有餘，富貴有根。而北方年飯用大米和小米一塊蒸，叫「金銀飯」。清富察敦崇《燕京歲時記》云：「年飯用金銀米為之，上插松柏枝，綴以金線、棗、栗、龍眼、香枝，破五之後方始去之。」因大米為白色，象徵銀；小米為黃色，象徵金。用大米、小米一塊蒸的年飯稱「金銀飯」，再加紅棗、栗子、花生、荔枝、龍眼等吉祥果點綴其間，又寓意來年早生貴子，祈求新的一年人財兩

旺。

有的地方把年飯稱「隔年飯」或「隔年陳」，如山西的平遙、安徽的桐城。清姚光泉《龍眠雜記》云：「桐城好，年飯待鄉親，大盆大碗從新熱，新歲新年不下生，只是『隔年陳』。」江南吃年飯還有八寶飯和八寶菜。八寶飯是用糯米、豆子、花生、芝麻等八種糧食做成的；八寶菜是用木耳、香菇、黃花菜等八種常見的菜混在一起炒製而成的。俗信：春節吃了八寶飯、八寶菜，來年萬事如意，吉祥平安。

中國的飲食文化真是太豐富了，所賦予的文化內涵也更是多彩的。

兒女同爭壓歲錢
——壓歲錢與節日吉祥文化

春節，孩子們最盼望、最喜歡的莫過於長輩送給的壓歲錢了。

壓歲錢是除夕之夜長輩送給晚輩的錢幣，是長輩祈願晚輩新年平安如意的吉祥物，也是我國最普遍流行的一種節俗。

壓歲錢又稱押歲錢、代歲錢、歲歲錢、太勝錢、壓勝錢、厭勝錢等。據《春明采風志》載：春節長輩給孩子們壓歲錢有兩層含義：一層是「以紅繩穿錢作龍形，置於床腳，謂之壓勝錢」。另一層是「凡尊長賜小兒者，亦謂之押歲錢」。

給孩子們壓歲錢的風俗盛行於我國清代，開始主要是用來為孩子們壓勝驅邪，希望孩子健康平安的，後來逐漸被長輩對孩子的親情愛意所取代。清

錢沃臣給他所作的《壓歲錢詩》自注時云：「俗以五色線穿青錢排結花樣，賚
兒童壓勝，曰壓歲錢。」清富察敦崇的《燕京歲時記》亦云：「以彩繩穿錢，
編作龍形，置於床腳，謂之壓歲錢。」

　　壓歲錢是流行至今的最普遍的節日習俗，相傳由唐代的春日撒錢風俗和
洗兒錢風俗結合演變而來。唐玄宗天寶年間，宮廷內每到春日，嬪妃們三五
成群擲錢為戲。唐王仁裕《開元天寶遺事》中曾記有此俗。唐代詩人王建《宮
詞》詩就描寫了當時春日宮廷撒錢的情景：

　　　　　　宮人早起笑相呼，不識階前掃地夫。
　　　　　　乞一金錢爭借問，外頭還似此間無。

　　此外，唐代還有賜新生兒洗兒錢以求吉驅邪的風俗。據《資治通鑑》卷
二載：楊貴妃生子，「玄宗親往視之，喜賜貴妃洗兒金銀錢」。後來，這兩種
風俗流傳民間被結合起來，成了春節除夕之夜賜小孩「壓歲錢」的習俗，流
傳至今。

　　最初的壓歲錢不是貨幣，而是一種小兒佩戴的專用形似錢幣的「壓勝
錢」，上面有文字、圖繪，是用來壓勝求吉、驅邪伏魔的吉祥物，後來逐漸被
錢幣所代替。

　　舊時壓歲錢是把銅幣用紅線穿起。清代《都門竹枝詞》即記有：「太平
鼓打冬冬響，紅線穿成壓歲錢。」《北京風俗雜詠》詩中也真實描繪了除夕之
夜北京城濃鬱熱鬧的年節氣氛和孩子們爭要壓歲錢的情景，非常生動：

親知邀酌團年酒，兒女同爭壓歲錢。

　　爆竹千家聲未息，天衢車馬鬧如煙。

　　除夕之夜，孩子們最高興、最有興趣的是得到長輩給的壓歲錢。《孔府內宅軼事》就真實地記錄了孩子們得到壓歲錢後喜悅激動的心情，以及當時的禁忌和其它一些習俗：「年三十晚上大人們要給我們三個人『壓歲錢』，裝在紅紙袋裏，寫上長命百歲，放在枕邊。還要在我們每個人的景泰藍食品盒裏放上用黏米麵做的如意、小柿子、橘子等食品。大年初一我們一醒來不許說話，先要用手摸摸這些東西……」文中所記的除了壓歲錢外，還有由壓歲錢所衍生的送「壓歲果」的習俗。由長輩所饋贈的這些吉祥果，均取諧音，以求吉利。如米麵如意和小柿子，意取「事事如意」。橘子、荔枝，取諧音「吉利」之意。這些吉祥果放於枕邊，待睡醒後不要說話，可以先取食，一年將萬事大吉。正如清吳曼雲《江鄉節物詞·詠吉利》詩中所云：

　　閩荔乾紅鄧橘黃，深宵酒醒試偷嘗。

　　聽郎枕畔朦朧語，新歲還君大吉祥。

眼似珍珠鱗似金

——魚與節日吉祥文化

　　「盛筵不可少，年飯不可無。」魚對中國人來說，不僅可做鮮美可口的菜

肴，而且還具有多元吉祥文化內涵，並且已形成一種獨特的魚文化學科門類。

魚，是人類的祖先。科學發現，陸地上動物源之於海上生物，均與魚有很多親緣關係。《山海經》中就記有大量魚身人頭的物類，民間還流傳很多人與魚的動人愛情故事。古代先民們早就把魚作為吉祥物來崇拜，並滲透到人們的方方面面的文化生活中。俗傳古代傳遞信息，是在絹帛上寫信裝在魚腹中進行傳遞的，故有「魚傳尺素」的典故。這種用魚所傳的書信叫魚書、魚箋、魚素等。漢蔡邕《飲馬長城窟》詩即云：「客從遠方來，遺我雙鯉魚。呼兒烹鯉魚，中有尺素書。」

隋唐時期，由魚素又發展為魚符。魚符是用木雕或銅鑄為魚形，刻書其上，剖而分執之，以符相合為憑信。古代帝王傳達軍令，使臣必須持「符」為憑證，「符」原為虎符，唐高祖為避祖父李虎諱，方改為魚符。另據《唐全要·輿服》載：唐代官員還隨身佩魚符，並配有「裝魚袋」，有金、銀、銅之分，分別授予親王及五品以上官員，以顯官職高低、地位貴賤。

佛寺中僧徒們念經時所敲打的漁鼓，俗稱木魚。在《水經注·異聞靈》中還記敘有一個木魚的故事：晉武帝時，吳郡臨平湖，因湖岸坍塌，發現一石鼓，擊打而無響聲。便去請問張華，張華說：「用蜀中所產之桐木材，刻成魚形擊之，聲音悅耳，並可傳數十里。」寺僧照此做成木魚掛於寺殿前，敲之，果然聲清脆悅耳，音傳十里外。所以，木魚成為佛教盛典儀式和日常誦經常用的一種打擊樂器。

魚的種類很多，作為吉祥物的大多指鯉魚和金魚。因為鯉魚的「鯉」與「利」諧音，含有利、得利、順利之意。另外，鯉魚善騰躍，有能神變之說。

明李時珍《本草綱目》云：「鯉為諸魚之長，形狀可愛，能神變，常飛躍江湖。」故此，古代有「鯉魚代龍」、「鯉魚躍龍門」的故事傳世。《三秦記》云：龍門山，在河東界。禹鑿山斷門闊一里餘。黃河自中流下……每歲季春，有黃鯉魚，爭來赴之。一歲中，登龍門者，不過七十二。初登龍門，即有雲雨隨之，天火自後燒其尾，乃化為龍矣。這段話講的是一個傳說故事。傳說大禹採用疏通河道的辦法治理黃河。可是黃河上有一龍門擋住了水流，為了疏通水流，大禹帶領手下人馬，開掘龍門，在龍門山挖了一個山洞，水從山洞中奔流而下。這是一個奇跡，人們紛紛從四面

八方來觀看。鯉魚也都遊來，準備從洞中躍過龍門。如果有鯉魚躍過龍門，那麼馬上就會有天風海雨相伴化為龍昇天。由於水流湍急，每年躍過龍門的鯉魚不過 72 條。這真是一個神奇而又美麗的傳說。所以，後世人們把科考中舉的人稱為登龍門，或用來作為仕途得意、宦海高升的祝吉語。「鯉魚化龍」亦比喻金榜題名，仕途直上。明高明《琵琶記·南浦囑別》云：「孩兒出去在今日中，爹爹媽媽來相送。但願得魚化龍，青雲直上。」所以古人有「一登龍門，身價百倍」之諺語。

由於古人對鯉魚的喜愛，很多剪紙、刺繡、雕刻等吉祥圖案均為鯉魚，漢代畫像石上的魚紋多是鯉魚，並常與龍、鳳畫於一起。吉祥圖案「魚躍龍門」、「漁翁得利」、「連年有魚（余）」、「富貴有魚（餘）」中也均為鯉魚，這主要是取「鯉」與「利」的諧音，以求萬事吉利如意。

由於鯉魚的美麗，加之神奇的身世和諸多文化內涵，歷代詩人多有贊詠。唐代詩人章孝標《鯉魚》詩贊云：

眼似珍珠鱗似金，時時動浪出還沈。

河中得上龍門去，不歎江湖歲月深。

　　該詩將鯉魚美麗的外形和活潑的身姿以及內神都描繪了出來，可謂把鯉魚寫活了。同時，詩人也融入了自己的人生感受和追求，希望自己也能像鯉魚一樣，有朝一日躍過龍門，金榜題名，走上一條金燦燦的坦途。唐代詩人白居易有一首《點額魚》詩：

龍門點額意何如彝紅尾青鰭卻返初。

見說在天行雨苦，為龍未必勝為魚。

　　詩人以幽默調侃的筆調借魚說人，勸人擺脫庸人心理：做龍未必有做魚好。「點額魚」是指未跳過龍門的魚。《爾雅》云：「三月則上渡龍門，得渡者為龍矣，否則點額而歸。」「點額魚」後被借喻落榜的考生。

　　另傳，鯉魚產子多，漢代銅洗上也常有兩條鯉魚，中間嵌「君宜子孫」四字，被用於祝吉求子，象徵子孫繁盛。

　　上古時期青年交往中，贈魚、食魚往往還和戀愛、婚姻、生子有關。古人認為魚兒離不開水，以魚水之情來喻夫妻好合、關係密切。故後世喻夫婦好合為「魚水合歡」。元劉庭信《新水令·春恨》詞云：「幾時能夠單鳳成雙，錦鴛作對，魚水和諧。」古時已把魚水之情，用鳳凰成雙、鴛鴦成對來作比，可見古人對魚之重視。

　　金魚為珍貴的觀賞魚，是我國的特產。它錦鱗閃爍，如錦似繡；翩翩多

姿，體態婀娜，受到人們的珍愛，還被美稱為「金鱗仙子」、「水中牡丹」。因金魚的諧音為「金玉」，「塘」為「堂」的諧音，所以繪數尾金魚憂遊於水塘中的紋圖為「金玉滿堂」。

中國是金魚的故鄉，16 世紀傳入日本，17 世紀傳入歐洲，後傳入世界各地，被稱為「東方聖魚」、「中國福星」。現在世界各地的人們都喜歡金魚，金魚成為珍貴的觀賞魚，我國出口金魚數量位居世界之首。

魚被視為吉祥物、神物，來源於先民們對魚的崇拜和信仰，所以古代給魚蒙上一層神秘的色彩，具有鎮邪的功用。漢代畫像石中所繪門上環扣多為魚飾。唐代屋門、櫃門、箱門的把手也多為魚形。據傳，門上魚紋飾有鎮邪功能。清丁用晦《芒田錄》曰：「門鑰必以魚者，作鎮物，取其不瞑目守夜之意。」所以，舊時年夜飯所用之魚要正放對大門的供桌上，寓意魚不瞑目，看守大門，防止鬼魅入侵。這又給魚附會上一層吉祥內涵。

由於遠古先民們對魚的信仰，因此還把魚看成瑞應之物。《宋書‧符瑞志》載：南朝宋明帝太始二年（466 年），幸華林天淵池，白魚躍入御舟。漢章帝元和三年（86 年），東駕北巡……有神魚躍出。因此認為，魚為河之精，是帝王的吉祥瑞兆，喻為魚授「河圖」。據《大業雜記》載：清冷水南有橫瀆，東南至碭山縣，西北入通濟渠。忽有大魚似鯉有角，從清冷水入通濟渠，亦唐興之兆。大鯉魚有角，是說此鯉魚已成龍。「鯉」諧音「李」，附會為李唐王朝將興之兆。所以後來鯉魚便有了特殊身份。唐代段成式《酉陽雜俎》載：「國朝律：取得鯉即宜放，仍不得吃，號赤鯶公。賣者，杖六十。言鯉為李也。」唐朝還命令全國普建放生池。唐代鯉魚得到朝廷法律保護，並非為生態文明的需要，而是李唐王朝的荒唐之舉。

　　魚兒離不開水。魚是水的寵兒，水是魚的樂園。今天，人們賦予魚以更深的文化內涵，把人民的軍隊比喻為魚，把人民群眾比喻為水。於是中華神州演唱出一曲曲動人的軍民魚水情的頌歌。

　　魚以美麗身姿遊動於浩瀚的水的世界裏，也遊動於五千年悠悠的中國文化海洋中，為人們帶來了吉祥與幸福。

楚楚衣裳兩頰紅
——雞與節日吉祥文化

　　雞，古時又稱「金雞」，亦稱「重明鳥」。中國民間風俗稱農曆正月初一為「雞日」，把繪有雞的門飾或剪紙雞貼於門窗上，以避邪迎福。據傳這與遠古先民對雞的圖騰崇拜有關，其中也包含民間對雞的信仰。

　　首先是雞鳴能喚來太陽，光明一到，夜裏活動的鬼魅都逃之夭夭。所以，古人認為雞是天上降臨人間驅邪的吉祥物。《太平御覽》曰：「雞為積陽南方之象，火陽精物炎上，故陽出雞鳴，以類感也。」晉王嘉《拾遺記》載：堯在位七十年，有祗支之國，獻重明之鳥，一名雙睛，言雙睛在目，狀如雞，鳴似鳳……能搏逐猛獸虎狼，使妖災群惡不能為害……今人每歲元日，或刻木鑄金，或圖畫，為雞於牖上，此其遺像也。相傳舜的很多神話傳說都與雞有關。可見，雞為吉祥避邪之物，在我國史前社會已流行。南朝梁宗懍《荊楚歲時記》亦載：「正月一日……貼畫雞戶上，懸葦索於其上，插桃符其傍，百鬼畏之。」

　　另外，雞還能啄食蠍子、毒蟲、蜈蚣等，不畏劇毒。民間還認為「雞為陽精」，常以雞血來避鬼怪。「雞」的諧音為「吉」，故「雞日」又稱「吉日」。清周亮工《書影》云：「正月一日，貼畫雞。今都門剪以插首，中州畫以懸堂，中州貴人尤好畫大雞於石，元旦張之。蓋北地類呼吉為雞，俗雲室上大吉也。」以上諸多豐厚的文化意蘊，使雞成為吉祥物，當之無愧。所以，至今民間仍保留有春節貼「雞王鎮宅」的年畫，作避邪納吉的習俗。

　　人們崇仰雞更重要的是雞為德禽，具有文、武、勇、仁、信「五德」。《韓詩外傳》曰：「頭戴冠者，文也；足搏距者，武也；敵在前敢鬥，勇也；見食相呼，仁也；守夜不失，信也。」雞的五德不亦可做人之準繩嗎？所以，《詩·齊風·雞鳴》把輔弼君王、勤於國政的后妃稱為「雞鳴之助」。《周禮·春官》中把夜間擔任宮中警戒的護衛稱作「雞人」。

　　由於雞具五德，故後世有「聞雞起舞」、「枕戈待旦」、「先我著鞭」等歷史典故。《晉書·祖逖傳》載：西晉愛國名將祖逖和劉琨同為司州主簿。兩人青年時代為當時的內憂外患同懷報國之心。為了練就殺敵建功的本領，兩人同寢一床，每聽到雞鳴之聲，便躍然起床習武。兩人練就了一身過硬本領，後來祖逖果然領兵北伐，打敗敵兵，為晉朝收復了失地。

　　劉琨見到祖逖比他先於立功，心中也暗暗鼓勵自己更要勤奮努力，他給親友寫信坦言：「為立志報國，祖逖已先我著鞭，我常枕戈待旦。」此事傳為千古美談，後世也多以此故事激勵男兒要報國立功，必須勤奮苦練，才有所作為。

　　因為雞有「五德」，舊時還流行飲雞血酒的交際風俗。我們在很多電視、電影中也看到，舊時結拜兄弟時，斬殺一隻公雞，把雞血滴在每個人的酒碗

裏，然後對天盟誓，飲下雞血酒，以示兄弟之情忠誠不渝、有福同享、有難同當。

> 楚楚衣裳兩頰紅，冠兒斜墜腳兒弓。
> 夜來塞上無消息，玉箸偷彈對曉風。

　　這是宋代詩人吳徹的一首詠《雞》詩。以雞喻人，以雞抒情。前兩句寫公雞的形貌和雄姿，後兩句寫一個獨守空房的思婦對遠在塞上丈夫的殷殷思念。此詩把她對著清涼曉風暗暗垂淚的情狀，寫得淒涼動人。故後世常把雌雄雞用來比喻夫妻恩愛、和睦相偕。

　　舊時不少地區新婚夫婦娘家首次「迎婿」，新郎新娘必須陪攜公雞，此稱「夫妻雞」，象徵避邪和守信。北方也有在結婚前，男方備一隻紅公雞，女方備一隻母雞。母雞喻新娘為「吉人」。這兩隻雞都不能宰殺，稱為「長命雞」，象徵婚姻吉祥如意，夫妻長命百歲。

　　南方長江三角洲一帶還流行新郎迎娶新娘時要用紅綢係著一隻大公雞作禮物的習俗。待新娘到新郎家完婚時，還要把此雞帶到男方家，此雞稱為「合鳴雞」，象征夫妻和美、幸福和諧。過去臺灣和閩南地區還有一種送「引路雞」的婚俗。女方家在女兒出嫁前先備好一隻公雞和一隻母雞，女方母親扯兩條象徵久長的九尺長的紅繩縛住兩雞的腳，新娘出嫁時將雞放進大籃子裏，送到新郎家，象征夫婦和睦、恩愛長久、白頭偕老。

　　雞為吉祥物，民間很多傳統吉祥圖案都少不了雞。如繪雞立於石上，「石」諧「室」音，「雞」諧「吉」音，寓「室上大吉」；繪雄雞和雞冠花的

紋圖為「官上加官」，

大吉大利（年畫）「冠」諧「官」音，寓陞官騰達；繪兩隻公雞相鬥的紋圖為「英雄鬥志」，象征將士作戰勇敢，無所畏懼；繪一隻公雞和五隻小雞的紋圖為「五子登子孫有為、金榜題名；繪牡丹與公雞的紋圖為「功名富貴」，牡丹象徵富貴，公雞善鳴，「鳴」與「名」諧音，「公」與「功」諧音，寓功成名就、永久富貴；繪大公雞馱一棵搖錢樹的紋圖為「大吉大利」，寓意吉祥和發財；等等。

雞作為吉祥物，集美德於一身，與人類關係密切，當然會受到人們的崇拜和喜愛。

長髯主簿有佳名

——羊與節日吉祥文化

春節是中國人最隆重、最重要的節日。祈求春節吉祥納福是中國人最大的願望。羊作為吉祥物，其文化內涵正滿足了人們的這一願望。中國民間的許多求吉習俗都滲透著羊文化的影子，與人們有著密切的關係。

羊作為吉祥物，首先是表現在遠古先民們對羊的崇拜。羌族這一古老的原始部族就是以羊為圖騰。許慎《說文解字》曰：「羌，西戎牧羊人也，從人從羊，羊亦聲。」羌人曾以羊為圖騰，把羊文化不斷擴展，與華夏文化融為一體，形成了中華民族文化的源頭。《說文解字》中還曰：「羊，祥也。」古代就把吉祥寫作「吉羊」。漢瓦當中即有「大吉羊」的紋樣。從造字的字義上

來講，「羊」與「示」結合則為「祥」。古代羊是祭祀中的重要祭品，祭祀是為了祈求吉祥納福，所以羊成為人們心目中最典型的吉祥物。

古代羊、陽相通，羊與太陽還有著密切的文化關係。古人把羊崇拜和太陽崇拜合而為一，把羊神看作太陽神。《周易・易卦》把正月為泰卦，三陽生於下，取其冬去春來，陰消陽長，有吉亨之象。故後人用「三陽開泰」來稱頌歲首，多用於歲首祝頌語，寓吉祥太平之意。民間則將三隻羊仰望太陽的紋圖謂「三羊開泰」來表達國泰民安、政通人和、大地回春、萬象更新。由此可見，「羊」和「陽」是相通的。羊又成了吉祥神。

羊性格溫良柔順，作為吉祥物，又代表善良、美好、知仁、知義、知禮。相傳羊被列入十二生肖，就是因為羊具有善良仁義的美德。在遠古時代，人間沒有稻菽，只能以野生植物為生，不得溫飽。天上的神羊看到了這種情況，決心 明人類。它冒著被殺的危險，騙過天神，把天上的五穀種子帶到人間，從此人類不愁吃穿。玉帝知道後十分生氣，下令宰殺神羊示眾。人間十分感謝神羊，每年正月初四祭祀神羊。當人們得知玉帝要選十二屬相時，人們還是一致推薦神羊。玉帝見眾望所歸，也只好應允，把羊列為第八位。從此羊成為善良仁義的代表。羊的這種舍生取義的精神得到了人類的贊舉。

再從字義上來講，「善」與「美」字的本義與羊也有關。《說文解字》云：「美，甘也。從羊，從大。羊在六畜主給膳也，美與善同意。」漢董仲舒《春秋繁露・執贄》讚美羊曰：「羔有角而不任，設備而不用，類好仁者；執之不鳴，殺之不啼，類死義者；羔食於其母，必跪而受之，類知禮者。故羊之為言猶祥也。」羊具有美、善、仁、義、禮諸多美德，當然會受到人們的崇拜

和信仰。宋代愛國詩人文天祥《詠羊》詩云：

> 長髯主簿有佳名，羬首柔毛似雪明。
> 牽引駕車如衛玠，叱教起石羨初平。
> 出都不失成君義，跪乳能知報母情。
> 千載匈奴多牧養，堅持苦節漢蘇卿。

該詩對羊的形貌、美德結合歷史名人給予了讚美。長髯主簿為羊的別名，因山羊頷下有須，常昂首前視，好像一位學識淵博、溫文爾雅的年長智者，故稱。詩中提到的衛玠，為晉人，風姿綽約，有玉人之稱，常牽乘白羊駕車於洛陽市上。詩中「叱教起石羨初平」即典出「叱石成羊」。初平指晉代道士黃初平。據晉葛洪《抱朴子・神仙傳》記：黃初平少時放羊，偶遇一仙人引入金華山石室中，後得道成仙。他曾在金華山上牧羊四十載不返家。其兄找到他，問他放的羊在哪裏，黃初平叱曰：「羊出來！」於是遍地白石變為數萬頭羊。黃初平「叱石成羊」的典故寓含成仙出世，得道成仙之意。後又被引申為點石成金之意。詩中五、六句是講羊的知仁、知義、知禮、知恩、知情之德；七、八句是講蘇武牧羊的故事。蘇卿即蘇武，為西漢杜陵人，出使匈奴被困，匈奴單於脅迫投降，蘇武不從，被流放北海牧羊，歷時十九載。蘇武堅持漢節，饑食草，渴飲雪，矢志不渝，堅貞不屈。直到漢昭帝與匈奴和親才得以歸漢。「蘇武牧羊」已成為愛國守志、忠貞不屈的象徵。

羊為吉祥物，古代時常作為仙人的乘騎。相傳太上老君升仙乘青羊。《古今集紀》云：「老子乘青羊降，其地有臺存。」這就是後人所稱的青陽臺。四

川成都還有青羊觀。廣州古稱「五羊城」，簡稱「羊城」，或稱「穗城」。即傳說五位仙人乘五色羊而至，故名。清屈大均《廣東新語》記有：「周夷王時，南海有五仙人，衣各一色，所騎羊亦各一色，來集楚庭，各以谷穗一莖六出，留與州人，且祝曰：『願此闤闠，永無饑荒。』言畢騰空而去，羊化為石。今坡山有五仙觀，祀五仙人，少者居中，持粳稻；老者居左右，持黍稷，皆古衣冠。像下有石羊五，有蹲者、立者，有角形微彎，勢若牴觸者，大小相交，毛質斑駁。」這五位仙人騎五色羊給人間帶來五穀，讓人間永無饑荒，人們為感激這五位仙人，刻五羊石用以紀念。至今廣州越秀公園的五羊石雕像，已成為廣州的市標。

羊一身是寶，羊毛、羊絨可織衣御寒，羊絨有「軟黃金」之稱。羊皮是優質皮革。羊肉是冬令滋補的佳餚，有溫中補虛的作用。羊肉火鍋、涮羊肉歷史悠久，風味獨特。烤全羊、烤羊肉串本為新疆傳統佳餚，現傳入內地，也已成為風味小吃，受到人們的普遍歡迎。

由於羊的吉祥文化內涵，很多民間風俗也與羊有關。青海土族在舉行婚禮那天，男方去迎娶新娘時，要帶上一隻白母羊送給女方，把白母羊作為新娘的替身，留在娘家，會給雙方帶來吉祥。在長江三角洲地區漢族的婚俗中，新郎要以紅色綢緞裹一隻小白羊作為禮品送給女方，紅色代表喜慶，羊羔代表吉祥如意。

羊從遠古開始，就與人們的生活息息相關，雖歷經幾千年的風雨滄桑，羊仍保祐著人類幸福美滿、吉祥如意，成為人們心中最善良仁義的吉祥物，受到人類的崇拜和敬仰。

太平有象無人識

——象與節日吉祥文化

　　新春佳節，一元復始，大地春回，萬象更新。寓意天下太平、風調雨順、政通人和、國泰民安的吉祥物大象，更是深得人們的喜愛和崇拜。

　　大象作為吉祥物受到人們崇拜和喜愛，主要是象被人們視作吉祥嘉瑞之征。特別是白象更被人們看作是吉祥瑞應。《宋書·符瑞志》云：「白象者，人君自養有節則至。」相傳古代聖王舜、禹葬時，象為耕田，鳥為耘地。《論衡·書虛》云：「傳書言：舜葬於蒼梧，象為之耕。禹葬於會稽，鳥為之田。蓋以聖德所致，天使鳥獸報祐之也⋯⋯象自蹈土，鳥自食蘋。土蹳草盡，若耕田狀，壞靡泥易，人隨種之，世俗則謂為舜、禹田。」這便是人們所傳說的「象耕鳥耘」的故事。相傳，舜的賢德孝心眾人皆知，無論他到什麼地方，都受到人們的擁戴。在雷澤捕魚時，人們為他讓出住的地方；在歷山耕種時，人們為他讓出田的邊界。上天受感動於他的教德，派大象為他耕田，派鳥為他除草。堯也因他的賢德將帝位讓給他，並將兩個女兒娥皇和女英嫁給他，這個故事民間又俗稱為「孝感動天」或「歷山隱耕」。

　　舜治理天下 61 年，深得人們的擁戴，病逝於蒼梧，由大禹繼承帝位。禹登王位改國號為夏，分天下為九州，懸鍾鼓求直言，立德教化萬民，四方皆歸王化。不久，舜帝埋葬處有靈異出現，有白象在舜墓前刨土，雀鳥銜土堆墳。禹不知是何徵兆，便去請教老臣，老臣答曰：「雀鳥銜土積阜風化為珠，服之可長生；白象耕土是天下太平的瑞兆。」禹大悅，為象立祠，奉象為鼻神。後世便以白象的出現為太平盛世的瑞應，這也就是「太平有象」的

傳說。宋代陸游詩有「太平有象無人識，南陌東阡搗麥香」之句，皆表現風
調雨順、國泰民安之景象。

又傳古時有「象輿」，也稱「象車」，為象駕之車，故稱。傳說黃帝到泰
山祭祀即駕乘象車。古人認為象車也為太平盛世的瑞應物。《宋書・符瑞志》
曰：「象車者，山之精也，王者德澤流洽四境則出。」漢司馬相如《上林賦》
曰：「青龍蚴蚪於東廂，象輿婉蟬於西清。」注曰：「山出象輿，瑞應車也。」
總之，不管是象耕還是象輿，都是象徵君主賢明、政通人和、國泰民安、天
下太平之吉祥瑞兆。

白象為吉祥瑞兆，還與佛教傳入有關。象原產於印度，且佛教的發源地
和創始人釋迦牟尼誕生地均為印度，故有佛教是「象教」、「象生教」之說。
象在梵語中稱迦耶，普賢菩薩的坐騎即為六牙白象。佛家還以象喻事，稱為
「象王」。《法苑珠林》中記佛有八十種好，其中之一為「進止如象王」。《華
嚴經》曰：「象王行處落花紅。」就是說佛的相貌生來不同凡響，行止有神異
的特徵。《雜寶藏經》還傳說昔日的迦屍國王與比提醯國王打仗，迦屍國王想
讓大象參戰，在山中找到一隻大白象，讓其去參戰。大白象對國王說：「我走
後盲父母無人奉養。」國王有感於白象的孝道，放走了它。白象在父母死
後，來向國王諫言不要戰爭，戰爭會給人類帶來災難。國王依從，派白象去
與比提醯國王講和。所以白象又成為和平的象徵。《瑞應圖》云：「白象，王
者政教行於四方，則白象至，王者自養有道，則白象負不死之藥來。」這些
皆表現了君主賢明、太平有象。漢代開始，佛教傳入中國，與儒家思想相融
合，不僅豐富了中華文化，而且象也成為人們心中的吉祥瑞物。

象為吉祥物受到人們的尊崇，還因象具有可貴的品質和性格。象溫和柔

順，莊重安詳。三國萬震《南州異物志・象贊》云：「（象）馴良承教，聽言則跪……服重致遠，行如丘徙。」唐陸龜蒙《象耕鳥耘辨》曰：「獸之形魁者無出於象，行必端，履必深。」象的這些憂質品格，又增添了吉祥之意。

象的全身都是寶。《爾雅・釋地》云：「南方之美者，有梁山之犀象焉。」疏曰：「犀象二獸，皮、角、牙、骨，材料之美者也。」特別是象牙，為名貴的手工藝材料。古時，朝臣上朝時拿的笏（即手板）只有一到五品官方用象牙所制，其餘用木製。此外，象箸（即筷子）、象環、象床、象席等均為名貴之物，並成為富貴和地位的象徵。

象為吉祥物，還因「象」音近「祥」音，「騎象」的諧音為「吉祥」。所以，在吉祥紋圖中繪一童子手持如意騎大象為「吉祥如意」；大象馱一盆萬年青的繪圖為「萬象更新」；大象馱一寶瓶的繪圖為「太平有象」等。

斑寅贏得號將軍
——虎與節日吉祥文化

虎，威猛勇武，素有「百獸之長」、「森林之王」的雅稱，人們一直把它視為鎮祟驅邪的吉祥神獸。特別是求吉納福、避邪迎新的春節，虎更得到人們的崇拜和信仰。舊時春節，每到除夕，民間家家門上或中堂有貼猛虎畫的習俗，並在門的上方左右掛兩盞燈籠，象徵虎眼，俗信百鬼不入、驅邪避魔。

相傳虎為純陽之物，有避邪之功能，可保人平安。《風俗通》云：「虎為

陽物，百獸之長也，能噬食鬼魅。」《說文解字》云：「虎，山獸之君也。」
虎還與龍、鳳、麒麟、龜並稱為「五靈」。遠古時期，虎即為我國西部先民們
的圖騰崇拜物。

　　早在漢代，虎就用來作鎮邪的門神和鎮宅的守護神，舊時即有年畫《天
師騎虎》圖。張天師名張道陵，東漢人，為道教創立者，後尊為天師。天師
騎虎舊作鎮宅避邪之用。後來虎又作護墓的神獸，古墓前常置石雕的老虎。
端午節，民間還有戴「艾虎」的習俗，即用布或絹綢縫成虎形，黏上艾葉，
繫於小孩手臂上或背上，俗信百蟲、鬼魅不敢侵犯，保祐孩子健康成長。還
因「艾」與「愛」同音，艾虎就是愛虎，虎喻孩子，寓意愛護、喜愛孩子。
戴艾虎由過去的祛災驅邪之功能，又演變為人間親情。端午節時還有大人用
手指蘸雄黃酒在小孩頭上寫「王」字，象徵虎額，藉以避邪。陝西關中地
區，姑娘陪嫁品中必有一對大面虎，俗信婚後可得虎子。此外，很多地區小
孩周歲、百天或生日，穿虎頭鞋，戴虎頭帽，枕虎頭枕，俗信小孩會長得虎
頭虎腦，虎虎有生機。另傳嬰兒降生時，用虎骨水給嬰兒沐浴，可保嬰兒一
生不生病。陝西等地，嬰兒滿月時，舅家還有送布老虎的習俗，以祝孩子將
來像老虎一樣威武強健。山西和中原一帶，還有小孩過生日時舅家送虎頭
鞋、虎頭帽和虎頭枕的習俗，既可避邪，又祈願孩子健康無災、長命百歲。

　　虎為吉祥獸，自古還被賦予神秘色彩，在中國傳統文化中佔有重要地
位。相傳，白虎兆祥瑞，為國泰民安、王者仁厚的象徵，也是聖人將出的徵
兆。《宋書・符瑞志》云：「白虎，王者不暴虐則白虎仁，不害物。」晉葛洪
《抱朴子》云：「虎及鹿、兔皆壽千歲，滿五百歲其色皆白。」白虎又稱玉
虎，不僅是王者不暴虐的兆應，也與聖人的出現有關。此外，古代還有「大

人虎變」之說。《易經・革》云：「大人虎變，其文炳也。」疏云：「損益前王，創制立法，有文章之美，煥然可觀，有似虎變，其文彪炳。」後世多以虎變比喻大人物能文能武，行止屈伸，非常莫測，猶如虎身上的花紋斑駁多彩。

虎，威猛雄健，令人視之膽寒，故舊時很多事物借虎威來形容人或事物。如把威武勇猛的武將稱「虎將」、「虎士」；帝王的衛士稱「虎賁」；選拔人才的國子監稱「虎闈」；古代科舉放榜為「龍虎榜」；軍事議事廳稱「白虎堂」；官員出巡用虎頭牌、虎旗開路；古代公堂正中畫虎，以顯威嚴；監獄的死牢稱「虎牢」⋯⋯虎與戰爭也有很多關係，如帝王調兵遣將的信物為虎符、虎節；兵書《六韜》中虎韜為其重要一韜；督戰用白虎幡，象徵軍威；戰場上將士所持盾牌畫有虎紋；頭戴銅盔為虎頭；將軍的營帳稱「虎帳」；壯士的威武步伐稱「虎步」；形勢穩定稱「虎踞」；等等。這些都是以虎的威猛來震懾敵人，以克敵制勝。因虎威猛，可避邪，民間也常用虎來取名喻人，如百姓多以「虎娃」、「虎妞」來愛稱子女；喻稱別相之一。人兒子為「虎子」，誇讚孩子健壯為「虎頭虎腦」。這些都是以虎來表達大人們對孩子的柔情愛意。時至今日，有的畫家還專門畫虎，以畫虎而蜚聲中外。河南商丘就有一個畫虎村，全村以畫虎著名。有的書法家以工寫虎字而獨擅書苑。總之，在中國政治、軍事、文學、藝術等諸多方面都浸蘊著虎文化內涵和因素。虎已形成一種多元文化現象，廣泛而深遠地影響著人們生產、生活的各個方面。

由於虎的諸多文化內涵，歷代文人墨客在很多文學作品中都描寫到虎。如《漢書》中有「李廣射虎」的故事；我國古代名著《水滸傳》中多次寫到虎，還濃墨重彩地描寫了「武松打虎」、「李逵殺虎」的故事；晉干寶《搜神

記》中也記有一則因孝德而暗中被虎所救的故事；《虎苑》中記有唐代劉禹錫
講的一位老婦幫虎拔足刺的故事；《誠齋雜記》中還講有孝子揚威與母一塊上
山打柴，遇虎護母，虎感其孝而離開的故事；等等。古代詩人也有很多描寫
虎的詩篇，或頌虎的威猛高貴；或借虎來揭露暴政，針砭時風。唐代詩人張
籍《猛虎行》詩云：

> 南山北山樹冥冥，猛虎白日繞村行。
> 向晚一身當道食，山中麋鹿盡無聲。
> 年年養子在深谷，雌雄上下不相逐。
> 谷中近窟有山村，長向村家取黃犢。
> 五陵年少不敢射，空來林下看行跡。

此詩寫出了老虎的兇猛威風和生活行跡，而五陵年少徒有空名，見虎而
畏懼，頗有諷刺之意。元朝詩人於汝王也有一首《虎》詩云：

> 斑寅贏得號將軍，月黑深山星目分。
> 長嘯一聲風括地，雄跳三勘獸奔群。
> 不堪羊質披文炳，無奈狐行假焰熏。
> 螫毒由來人共懼，豈知更有猛於君。

「斑寅將軍」為虎之別稱，因虎皮有斑紋，與地支「寅」相配，故稱。
此外，虎又稱寅獸、寅客、寅君。此詩前六句均寫虎的兇猛威風，最後兩句

為詩眼，寫「苛政」比寅君虎更兇猛殘暴，揭露了官府殘酷掠奪、剝削百姓的罪行，表達了詩人對廣大勞動人民的同情。

新正初二祭財神
——財神與節日吉祥文化

新春佳節是中國民間最盛大、最熱鬧的節日，城鄉處處可以聽到陣陣爆竹聲不斷。春節各類活動也頗多，但除夕之夜接財神和正月初二祭財神這一民俗活動在舊時是不可少的。

祭財神的祭品多用活鯉魚和羊肉。為什麼用這兩種祭品呢？因為鯉魚象徵富足有餘；羊即祥，象徵吉祥如意。另一說「魚」與「羊」兩字合為「鮮」字，以表示新年新財神到，定會發新財。這些都賦予了我國文字的吉祥文化妙解，含有豐富的文化意蘊。由此可見財神在人們心目中的地位之高。所以，舊時新年人們相見時用得最多的祝吉語是「恭喜發財」。俗諺有：「財神到，財神到，財神到了人人笑。」「財神爺，到我家，今年必定要大發。」「招財童子至，利市仙官來，窮神永離去，富貴花常開。」「福神駕臨，賜福萬姓，窮魔遠離，財運亨通。」……清代北平還有一首《祭財神》俗曲曰：「新正初二祭財神，點上香蠟把酒斟。供上公雞活鯉魚，一家老幼行禮畢，鞭炮一響驚天地。」真實地描寫了當時祭財神的場面。舊時把財神當吉祥神來供奉和崇拜，反映了人們對幸福、富裕生活的追求和向往的心理。

財神作為吉祥神奉祀，因時代、地區的不同，也有很大差異。宋、元以

來，民間所奉祀的除趙公元帥外，北方還有「五顯神」，亦稱「五哥」；南方則為「五通神」，又稱「五聖」、「五路神」，意為出門五路皆有財神引路。還有把利市仙官也作為財神的。明、清時期，又興起文財神、武財神，以殷朝忠臣比干和春秋越國的大臣范蠡為文財神，以趙公明和關公為武財神。此外，還有回人、何五路等。財神所指紛紜，誠如《集說詮真》云：「俗祀之財神，或稱北郊祀之回人，或稱漢人趙朗，或稱元人何五路，或稱陳人顧希馮之五子，聚訟紛如，各從所好，或渾稱曰財神，不究伊誰。」

在眾多財神傳說中，影響最大、奉祀最多的還是趙公明。道教供奉的財神也是趙公明。趙公明為一虛構人物，姓趙名朗，字公明，與鍾馗是同鄉，為終南山人氏。趙公明秦時入山中修道，漢代張天師收他為徒，讓其騎黑虎，守護玄壇（玄壇即道教之齋壇）。趙公明因虔誠通道，被天帝封為「正一玄壇元帥」，故稱趙玄壇。因其騎黑虎，又稱「黑虎玄壇」。趙公明原為邪神、惡神，後被降服，在《封神演義》中才成為財神。傳說他原在峨眉山羅浮洞修道，武藝高強，因其助紂為虐，攻打武王，終難免一死。他死後，姜子牙按元始天尊旨意封神，被封為「金龍如意正一龍虎玄壇真君」之神，並統領招寶天尊蕭升、納珍天尊曹寶、招財使者陳九公、利市仙官姚少司四神，專司「迎祥納福，金銀財寶」。此四神與趙玄壇一起稱為「五路財神」，在《封神演義》第四十七回、四十八回和九十九回中都有描寫。由此，趙公明作為財神的形象才被確定。《三教源流搜神大全》中記載得較詳細：趙元帥，姓趙名公明，終南山人。自秦時避世山中，精修至道，功成，欽奉玉帝旨召為神霄副元帥。其頭戴鐵冠，手執鋼鞭，面黑色而多鬍鬚，身跨黑虎，驅雷役電，呼風喚雨，降瘟剪瘧，保命禳災，元帥之功莫大焉。至如公訴冤

抑，買賣求神，可對神禱，無不如意。因趙公明在民間影響較大，百姓多作財神奉祀，以求發財富裕。

民間還以關公為財神。按說關公與財神沒有聯繫，為什麼以關公為財神呢？這主要是與人們對關公的「忠義」敬仰有關。在羅貫中的《三國演義》中記有關羽被迫降曹後，曹操企圖以金錢、高官、美女來收買關羽，但關羽絲毫不為所動，仍離開曹操，來到當時正在倒楣的劉備身邊，因此關羽被塑造成「千古忠義第一人」。然而，面對財富，很多人往往見利忘義。所以，人們希望在金錢面前要像關公那樣堅守誠信和忠義，不能見利忘義、見色忘義，所以把關公奉為武財神來供祀。

民間還把比干、范蠡作為文財神敬奉，這主要是因為人們對他們的人品、人格崇敬而來。《史記·殷本紀》載：比干是殷紂王的叔父，為人忠耿正直。而紂王荒淫無度，殘酷暴虐，比干直言勸諫。紂王不僅不聽，還把比干剖膛挖心。後世奉比干為財神，也主要是對他心地純正、率直無私品格的敬仰。范蠡為文財神，是因為他原為越王句踐的大臣，足智多謀，幫越王打敗了吳王，不居功領賞，反則隱名埋姓，到齊國經商，積了一筆財產，自號陶朱公。但他發家致富又能散財，接濟窮人，所以，人們把他奉為文財神。

民間不論供奉的是趙公元帥武財神，還是比干文財神，旁邊都要配有利市仙官。利市仙官民間稱為小財神，來歷不明。據《封神演義》講，他為趙公元帥的徒弟，叫姚少司，被姜子牙封為迎祥納福的利市仙官。所謂利市，也就是做生意吉利走運，一本萬利。迎利市仙官，古時是在正月初五，天剛放亮就可聽到一陣陣鞭炮聲。據說正月初五是路頭財神的生日，這天一般人家，特別是商家早早打開店門放起接財神的爆竹，這叫「搶路頭」。據《清嘉

錄》載：「正月初五，為路頭神誕辰，金鑼爆竹，牲醴畢陳，以爭先為利市，必早起迎之，謂之接路頭。」清蔡雲亦有《竹枝詞》云：

> 五日財源五日求，一年心願一時酬。
> 提防別處迎神早，隔夜匆匆搶路頭。

該詩把人們為祈財求利而搶先祭神的習俗生動地描繪了出來，表現了當時人們求財的功利心理。

牡丹天香真國色
——牡丹與節日吉祥文化

牡丹，那絢麗的色彩，雍容的風度，婀娜的美姿，芬芳的香氣，深得國人的喜愛，因此，殊獲「百花王」、「富貴花」、「國色天香」、「百兩金」等美稱。

牡丹為我國特產的名花，原產我國北部秦嶺和陝北山地，多為野生，係芍藥科多年生灌木，又有「鹿韭」、「鼠姑」等別稱。

牡丹在我國栽培歷史十分悠久，品種繁多，芳姿麗人，花大且豔，有單瓣、雙瓣之分，花色有紅、黃、藍、白、綠、紫、墨、粉等。《花鏡》已載有131個品種，《群芳譜》載有180個品種，明薛鳳翔的《亳州牡丹表》列有269個品種，分為神品、靈品、名品、逸品、能品、具品六大品類。古人認

為牡丹品位最高的當數黃色和紫色，有「姚黃魏紫」之稱，很得人們的青睞，被公認為牡丹之冠，王中之王。

我國栽培牡丹的歷史比較古老，《神農本草經》已有記載，到隋唐時期，種植牡丹已十分普遍。王應麟《玉海》曾載：隋煬帝闢地二百里為西苑，詔天下進花卉，易州進二十箱牡丹，有赭紅、紅、飛來紅、袁家紅、醉顏紅。僅紅色牡丹就有這麼多顏色和品種。可見，當時種植牡丹已很普遍。

唐代人們更愛牡丹，定牡丹為「國色」，不僅皇宮後苑遍植，而且朝野士庶、普通人家也多栽植。每當牡丹花開，舉城若狂。唐代李肇《國史補》中有記載：京城（洛陽）貴遊賞牡丹三十餘年矣，每當春暮，車馬若狂，有的優質品種一株價值數萬。《群芳譜》也記有：「唐開元中，天下太平，牡丹始盛於長安。」因此，唐代詩人劉禹錫有《賞牡丹》詩云：「唯有牡丹真國色，花開時節動京城。」白居易亦有《牡丹芳》詩云：「花開花落二十日，一城之人皆若狂。」這些詩句真實地記敘了當時京城洛陽種牡丹、賞牡丹的情景。據傳，有一次唐玄宗攜楊貴妃於沉香亭前賞牡丹時，問隨臣詠牡丹之詩何者為首，陳修已以李正封的詩「國色朝酣酒，天香夜染衣」上奏。根據這句詩頭兩個字組合，牡丹便有了「國色天香」之稱。唐代詩人皮日休亦有詠牡丹詩云：「落盡殘紅始時芳，佳名喚作百花王。」牡丹從此又有了「百花王」的美譽。明李時珍《本草綱目》亦說：「群花品中，以牡丹第一，芍藥第二，故世謂牡丹為花王。」唐代大詩人李白奉詔進京，也寫下「名花傾國兩相歡，長得君王帶笑看」的詩句，牡丹還有「傾國名花」之佳稱。

人們喜愛牡丹，更重要的是對牡丹的不畏權貴、不趨炎附勢品格的推崇。相傳唐初，武則天自立為皇帝。一個嚴寒的冬日，她酒醉後看到盛開的

梅花，興致大發，隨寫下一首《臘月宣詔幸上苑》的詩：

> 明朝游上苑，火速報春知。
> 花須連夜發，莫待曉風吹。

女皇親自下詔，百花不敢違抗，一夜之間百花盡吐蕊開放。

第二天，武則天來到上苑，只見百花吐豔，萬紫千紅，芳菲滿目，眾卉競芳。可是，唯獨牡丹不肯聽旨，莫說開花了，連一片葉子也沒有。武皇勃然大怒，立即命令把御花苑中數千株牡丹都挖出，讓移植到東都洛陽，以示貶斥。此後，牡丹在洛陽安家，越開越盛，有了「洛陽牡丹甲天下」之稱。清朝末年，臺灣愛國詩人丘逢甲就有一首《詠牡丹》詩即記了這件事：

> 何事天香吐欲難，百花方奉武皇歡。
> 洛陽一貶名尤重，不媚金輪獨牡丹。

詩中的「金輪」本是指佛經中說的轉輪王中最傑出的金輪王，武則天便以此自稱為「金輪聖神皇帝」，這裏的「金輪」代指武則天。該詩讚頌了牡丹不奴顏媚骨，不事奉承，高潔不阿的凜然正氣，和雖遭貶斥，卻自強不息名重天下的高貴品格。從此，牡丹成了不懼權威的象徵，獲得了「花品第一」的美稱。

到了宋代，洛陽牡丹已冠天下，並有了「洛陽之花」之稱。當時，賞贊、吟詠牡丹之風盛行。特別是牡丹花開時節，往往是傾國傾城，男女老

幼，相攜觀花，詠詩賦詞，蔚為大觀。宋歐陽修《洛陽牡丹記》云：「洛陽之俗，大抵好花。春時，城中無貴賤皆插花，雖負擔者亦然。花開時，士庶競為遊遨，往往於古寺廢宅有池臺處，為市井張幄幕，笙歌之聲相聞。」當時詩人梅堯臣有詩云：「洛陽牡丹名品多，自謂天下無能過。」據《洛陽花木記》載：當時洛陽牡丹已有一百多個品種，並已培育出「姚黃」、「魏紫」、「縷金黃」等名貴品種。明、清以後，我國很多地方都植牡丹，主要以安徽亳州，山東菏澤、曹州等地較有名。

牡丹花色美豔，姿態雍容華貴，人們常作美女的象徵。唐鄭懷古《博異志》記有牡丹化為美人的故事。

唐代崔玄微在花園中遇到幾個美人，對崔玄微說：「以前『十八姨』（即風的別稱，為風神）常幫助我們，後來得罪了『十八姨』，常遭難。請你在每年二月初一，做一面上畫有日、月、五星的小紅旗插於園中，我們就可免難了。」

崔玄微照此言而行。二月初一那天果然刮起寒冷的大風，而他家園中的牡丹卻完好無損。其實，這幾個美人就是牡丹的化身。她們得救後，很是感激崔玄微，牡丹開得更豔更美。後世便以牡丹來喻雍容華貴、高雅大方的美女。

牡丹作為吉祥花，除花色豔麗、花姿雍容，可供觀賞外，其根皮（丹皮）還是貴重的中藥材。相傳唐太宗李世民率軍征戰，有一次，部隊行至安徽銅陵鳳凰山時，很多將士突染時疫，高燒不退，神昏譫語。一時御醫也手足無措，束手無策。當時，軍內有個老兵，原來是個花農出身，又懂些中醫，他知道牡丹的藥用價值，見山溝裏、山坡上到處長著野牡丹，便採來牡丹根

皮，洗淨後搗爛，再調水為漿給患病士兵試喝。凡服藥的將士很快就病除，恢復如常。後來，患病將士都服此藥痊癒。李世民又率大軍征戰，所向披靡。李世民登基稱帝後，仍不忘這位老兵和牡丹之功，封老兵為御醫，牡丹為「花中之王」。牡丹吉祥文化內涵得到進一步昇華。

　　牡丹作為吉祥花，象徵幸福美滿、繁榮昌盛，又稱「富貴花」。春節時，人們多喜歡貼繪有牡丹花卉的吉祥圖案和剪紙、年畫等。如繪有牡丹與長壽花（即月季花）或白頭鳥的紋圖，為「富貴長壽」；繪有蔓草纏在牡丹花枝上的紋圖，為「富貴萬代」；繪有牡丹與海棠的紋圖，為「滿堂富貴」；繪有牡丹與芙蓉花的紋圖，為「榮華富貴」；繪有牡丹、海棠、玉蘭花的紋圖，為「玉（玉蘭）堂（與海棠的「棠」音同）富貴（牡丹）」；繪有牡丹插在花瓶裏，或牡丹配有蘋果（或竹）的紋圖，為「富貴平安」；繪牡丹、壽石（或松、或壽字）的紋圖，為「富貴壽考」；等等。舉凡與富貴繁榮、幸福美滿的命題，均用牡丹來表示，所以，牡丹已成為國人心目中的吉祥之花、幸福之花、富貴之花。

（三）元宵節民俗文化與吉祥物

　　農曆正月十五元宵節，是一年中的第一個月圓之夜，是個大吉大利之夜。

　　正月十五之夜，天上一輪明月高懸，地上萬家燈火通明，人們趁著新年的餘興未消，吹拂著早春的輕柔晚風，踏月觀燈，舞獅耍龍，踩高蹺，劃旱船，扭秧歌，鞭炮陣陣，鑼鼓喧天，火樹銀花，遊人如織，好不熱鬧。所以，俗語說「正月十五鬧元宵」。一個「鬧」字，道出了元宵節的熱鬧歡騰、祥和喜慶的氣氛，表達了人們納吉迎祥、祈祝豐年的心願。可以說，元宵節是中國人的「狂歡節」。

　　元宵節是我國的傳統節日，歷史悠久，相傳始於兩千多年前的漢代。漢高祖劉邦死後，呂后篡權奪位。呂后死後，大將周勃和宰相陳平等人平定「諸呂之亂」後，擁戴劉邦的兒子劉恒登基做了皇帝，稱漢文帝。因剷除諸呂勢力的日子正好是正月十五日，所以此後每年這天晚上，漢文帝都要微服出宮遊玩，與民同樂，以示紀念。因古時正月稱元月，夜稱宵，於是，漢文帝就把這一天定為「元宵節」。

　　元宵節又被稱作上元節、元夕節，這是遵循道教的陳規而來。道教有「三元神」，即上元天官、中元地官、下元水官。每年的正月十五為上元天官的誕辰日，稱「上元節」。七月十五日為中元地官的誕辰日，稱「中元節」。十月十五日為下元水官的誕辰日，稱為「下元節」。由此，正月十五元宵節便稱作「上元節」。所以說，從漢代開始元宵節就被看作是祭祀天帝、祈求福祐

的吉日佳節。正如宋吳自牧《夢粱錄》曰：「正月十五元夕節，乃上元天官賜福之辰。」

正月十五元宵節的主要活動是放燈、玩燈、賞燈，屆時天上明月高照，繁星點點；地上火樹銀花，燈火輝煌。因此，又稱元宵節為「燈節」、「燈夕」。

元宵節起源於漢代，還與祭祀「泰一神」有關。據《史記・封禪》載：漢武帝時，漢室祭祀「泰一神」。「泰一」又稱泰乙、太乙、太一。「泰一神」其位在五帝之上，是天神中最尊貴者。早在戰國，「泰一神」已被敬祀。「泰一神」為天神，為何有此名呢？《易傳》裏說：至高無上謂之泰，絕對不二謂之一，故稱。「泰一」也就是上帝之名，上帝也即居泰一之位。

秦漢時期，十分流行神仙說，漢武帝又是位極為迷信神仙的皇帝，所以對超越眾神之上的「泰一神」自然會特別敬奉。元鼎五年（公元前 112 年），漢武帝令在甘泉宮修建「泰一神」祠壇。此壇共三層，下列五帝，上層專供泰一。漢武帝祭祀時，對五帝僅長揖而已，唯獨對「泰一神」虔誠跪拜。除常祭之外，在正月十五祭「泰一神」最為隆重。從黃昏開始，通宵達旦，燈火輝煌。正如《史記・樂書》上所云：「漢家常以正月上元祭祀太一甘泉，以昏時夜祀，至明而終。常有流星經於祠壇上。使童男童女七十人俱歌。」元宵之夜，流星與燈火輝映，少男少女以歌舞為祭，祭神又娛人。從此，便形成了正月十五張燈結綵的習俗。

東漢時期，佛教傳入。漢明帝禮佛，令正月十五在宮廷和寺院「燃燈表佛」。宋高承《事物紀原》云：「西城十二月三十乃漢正望日，彼地謂之大神變，故漢明令燃燈表佛。」

　　「燃燈表佛」本為印度正月十五日僧徒們觀佛舍利放光雨花的祭佛儀式，傳入中國後遂成為漢明帝弘揚佛教之令。「燃燈表佛」的外來文化與中國本土祭「泰一神」放燈的祀神禮俗相融合，由宮廷流行到民間，再加之朝廷的宣導，便成為一種中西合璧的新風俗流傳開來。由此，東漢時期，元宵節已基本定型。

　　由於漢代兩位皇帝對元宵節的重視和宣導，甚至漢代西都長安執金吾值勤的「宵禁」也被敕令解除。《漢書》記有：平時有值勤者執金吾禁行，唯獨在正月十五夜「宵禁」被解除，稱為「放夜」。這天允許市民徹夜踏月賞燈。雖然到了隋代隋文帝有所禁止，但到了唐代，元宵節放燈已成為萬眾歡迎的民俗。正如唐崔液《上元夜六首》詩中所寫：「誰家見月能閒坐，何處聞燈不看來。」唐張祜《正月十五夜燈》詩云：「千門開鎖萬燈明，正月中旬動帝京。」《雍洛靈異小錄》記載得更清：「唐朝正月十五夜……燈明若晝，山棚高百餘尺，神龍以後，復加嚴飾，士女無不夜遊，車馬塞路。」可見當時元宵節的熱鬧盛況。

　　唐代出現這種元宵節熱鬧盛況，與當時生產力發達、社會富庶、朝廷提倡、人民安居樂業是分不開的。

　　到了宋代，元宵節的熱鬧可以說達到高潮，放燈時間也由原來的三夜延長到五夜，除燈彩以外，還放焰火。宋孟元老《東京夢華錄》記有：每逢元宵節，「遊人已集御街兩廊下。奇術異能，歌舞百戲，鱗鱗相切，樂聲嘈雜十餘裏」。當時開封御街，萬張彩燈，疊成燈山，花燈焰火，金碧相射，錦繡交輝，載歌載舞，遊人如織，鑼鼓齊鳴，爆竹聲聲，熱鬧非常。宋代大詞人辛棄疾的《青玉案》詞，真實地描繪了當時京都元宵節熱鬧的盛況：

東風夜放花千樹，更吹落，星如雨。寶馬雕車香滿路。鳳簫聲動，玉壺光
轉，一夜魚龍舞。

蛾兒雪柳黃金縷，笑語盈盈暗香去。眾裏尋他千百度，驀然回首，那人卻
在，燈火闌珊處。

唐、宋以後，元宵節的盛況不衰，一直流傳至今。

縱觀元宵節形成的過程，由西漢祭「泰一神」，東漢祭佛，到唐朝道教
祭祀天官，表現了人們對天神賜吉的祈求，但深層的文化內涵還是祈求風調
雨順、五穀豐登、國泰民安、萬事如意。

火樹銀花不夜天

——燈與節日吉祥文化

正月十五元宵節，又稱燈節、燈夕。過元宵節的主要活動是張燈、放
燈、觀燈。燈成為元宵節的主題，也是元宵節最突出的景觀和特色。

我國從漢武帝時起已形成元宵節張燈結綵的習俗。

元宵節的燈，不是一般照明的燈，但當時的元宵節的燈已經知之不詳。
縱觀兩千多年元宵燈的發展歷史，經歷了一個從獨立到組合，從靜止到活
動，從單純到裝飾的過程。

古代元宵節花燈品種繁多，可謂數不勝數。如果把各類元宵花燈加以整
理、編綴成集，可以成為一本《中國花燈集》。這些花燈不僅反映了我國工匠

229

的技藝水準之高，想像之豐富，同時也極富文化色彩。我們從元宵花燈的形制來看，有圓形、方形、長形、六邊形等；從形狀上來看，有西瓜燈、蓮花燈、柿子燈、獅子燈、兔子燈等。最大的燈要數唐代的燈樹、宋代的鰲山燈（即燈山）。據王仁裕《開元天寶遺事》載：「韓國夫人（楊貴妃的大姐）置百枝燈樹，高八十尺，豎之高山，上元夜點之，百里皆見，光明奪月色。」但這種燈僅唐玄宗時宮廷內有。

但是，唐代民間已有技藝較高的「走馬燈」，又稱「影燈」。「走馬燈」的動力不是利用機械，而是利用熱能原理，在一個風輪上黏上紙剪的各種人馬形象，待蠟燭點燃後，火焰驅動紙輪轉動，黏貼在風輪上的人馬也隨之轉動，所以叫「走馬燈」。清富察敦崇的《燕京歲時記》中談到此燈曰：「走馬燈者，剪紙為輪，以燭噓之，則車馳馬驟，團團不休，燭滅則頓止矣。」

到了宋代，又有兼具山林形制的鰲山燈。宋孟元老《東京夢華錄》云：「正月十五日元宵，大內前，自歲前冬至後，開封府絞縛山棚，立木正對宣德樓……燈山上彩，金碧相射，錦繡交輝。」這燈上還結綵有文殊菩薩騎獅子、普賢菩薩騎白象等吉祥神的造型。而且，觀音菩薩的手臂還可活動，手中所拿淨瓶還可出水。但燈山也只有宮廷中有。由此可見，這些制作燈山的能工巧匠的技藝已經達到相當高的水準。

關於元宵花燈，在我國古典名著中也有很多描敘，這裏不妨轉引明代《金瓶梅詞話》第十五回的「佳人笑賞玩月樓」裏所寫的李瓶兒、潘金蓮、吳月娘游燈市所見花燈的情景：「山石穿雙龍戲水，雲霞映獨鶴朝天。金蓮燈、玉樓燈，見一片珠璣；荷花燈、芙蓉燈，散千圍錦繡；繡球燈，皎皎潔潔；雪花燈，拂拂紛紛；秀才燈，揖讓進止，存孔孟之遺風；媳婦燈，容德溫

柔，效孟姜之節操；和尚燈，月明與柳翠相連；通判燈，鍾馗共小妹並坐；師婆燈，揮羽扇，假降邪神；劉海燈，背金蟾，戲吞至寶……」從這段描寫中可以窺見古代元宵花燈的品種多樣、技藝高超之端倪。

　　元宵之夜，人們傾城而出，載歌載舞，萬民同慶，徹夜歡樂，燈月輝映，光輝燦爛，真可謂火樹銀花不夜天。面對此元宵燈節盛況，怎能不引發詩人的詩情泉湧。初唐詩人蘇味道有《正月十五夜》詩云：

　　　　火樹銀花合，星橋鐵鎖開。
　　　　暗塵隨馬去，明月逐人來。
　　　　游妓皆穠李，行歌盡落梅。
　　　　金吾不禁夜，玉漏莫相催。

　　歡娛苦日短。詩人不僅把元宵之夜火樹銀花玩燈、賞燈的盛景寫了下來，也把人們希望良宵佳節不要匆匆逝去的無限留戀之情表達了出來。

　　詩人對元宵花燈的吟詠頗多，另如唐代詩人張祜的《正月十五日夜燈》詩云：

　　　　千門開鎖萬燈明，正月中旬動帝京。
　　　　三百內人連袖舞，一時天上著詞聲。

　　詩人把宮廷內的元宵觀燈的歌舞盛況盡情地描繪了下來。再讀唐代詩人崔液的《元夕六首》詩：

星移漢轉月將微，露灑煙飄燈漸稀。

猶惜道傍歌舞處，踟躕相顧不能歸。

　　詩中不直寫元宵歡慶的熱鬧情景，而通過寫星移月轉，燈火漸稀，已是通宵，可是，歡樂觀燈的人們仍留戀道旁，踟躕相顧，不願離去。可以想像當時的元宵花燈是多麼迷人。

　　古代上自朝廷，下至百姓，為什麼對元宵花燈如此熱心、熱忱？這其中有很多很深的吉祥文化元素。當然，封建統治者是為了鼓吹天賜吉辰，聲張歌舞昇平，維護自己的統治。但更多的吉祥文化因素是民間為了歡慶風調雨順、五穀豐登，表達喜悅之情。如人們在花燈上多寫風調雨順、國泰民安、五穀豐登等吉語，紮制的元宵花燈多以吉祥物龍、鳳、魚、獅等，或瓜菜類西瓜、蓮藕等，或花卉類蓮花、梅花等為題材。這些均寄託了人們祈望新的一年風調雨順、五穀豐登、幸福富裕的美好心願。正如民國三年（1914 年）《和順縣志》所記：十五日，上元節，里巷立社，逐門張燈三夜，以祈豐年。

　　另傳，元宵花燈還是象徵子嗣繁衍、人丁興旺的生育吉祥物。很多地方元宵節都有送花燈以祝生子的習俗。如泉州在元宵節時娘家必須送給新婚女婿、女兒一對蓮花燈，掛在床頭上，以祈早生貴子。江蘇淮安舊歷元宵節時，給成婚多年未生育者送一小紅燈，祝願早早生子。廣東等地，剛生了兒子的家庭，元宵節要備一花燈送觀音廟，祈求子孫健康、人丁興旺。

　　此外，元宵花燈還有很多吉祥文化內涵，如舊時元宵節時，普遍流行的「富貴壽考」燈，就含有祈壽祝富的多元吉祥文化因素。該燈四面分別繪有靈芝、松枝、天竹子、蠟梅、百合、柿子等，分別象徵長命百歲、子孫昌盛、

百事如意等。如「三陽開泰」燈，繪一隻母羊、兩隻小羊，象徵春回大地、
萬物滋生、欣欣向榮。

總之，元宵花燈富含多元吉祥文化內涵，受到人們的歡迎和喜愛，歷代
傳承而不衰，不斷發展，已經成為一門燈文化、燈藝術，受到人們的重視。
如現在每年元宵節時，各地都要舉辦燈會、燈展，比賽各種花燈的制作工
藝，豐富和活躍人們的文化生活，已經自發地形成一種節日文化娛樂活動。

五方獅子舞太平
——獅子與節日吉祥文化

每逢元宵佳節，我國無論城鄉都有舞獅子的習俗。據傳這一習俗源於周
武帝時的軍隊或西涼的假面戲，南北朝時已開始流行，唐代民間廣為盛行。
唐段安節《樂府雜錄・龜茲部》就記有：「戲有五方獅子，高丈餘，各衣五
色。每一獅子有十二人，戴紅抹額，衣畫衣，執紅拂子，謂之『獅子郎』，舞
《太平樂》曲。」唐代大詩人白居易還有一首《新樂府・西涼伎》詩云：

> 西涼伎，西涼伎，假面胡人假獅子。
> 刻木爲頭絲作尾，金鍍眼睛銀帖齒。
> 奮迅毛衣擺雙耳，如從流沙來萬裏。
> 紫髯深目兩胡兒，鼓舞跳樑前致辭。
> ……

　　詩中即描述了當時西涼胡人舞獅子的情景。《舊唐書·音樂志》云：「太平樂亦謂之五方獅子舞。」舊時，年節和其它重要慶典活動中所表演的「五方獅子舞」已成為傳統的重要節目之一，以表達太平盛世，吉祥如意，風調雨順，五穀豐登。清翟灝《通俗編·獅子舞》曰：「（獅子舞）周武帝時造，亦謂之五方獅子舞。綴毛為獅子，人居其中，象其俯仰馴狎之容，二人持繩秉拂翾弄之狀。」

　　獅舞在長期的發展過程中，又分為南派和北派兩種風格。在表演動作上又分為文獅和武獅。南派多表演文獅，文獅主要表演抖毛、搔癢、舔毛、打滾等溫順動作。表演時一個戴大頭佛面具、身穿長袍、手拿葵扇的「獅子郎」來逗瑞獅表演各種憂美的動作，滑稽、風趣、幽默。南派以廣東為中心，在港澳、東南亞較流行。北派以表演武獅為主，武獅主要表演吐球、撲球、滾球、騰空跳躍等動作。表演時一個古代武士裝扮的人，手持繡球來逗引瑞獅表演，並有走梅花樁、踩滾球、躍桌子、獅鬥等高難動作，以表現獅子剛勇威猛的本性。舞獅時兩人舞大獅，一人舞小獅。舞大獅子時一人站立舞獅頭，一人彎腰舞獅尾。舞獅人全身披獅服，下穿與獅身相同的獅褲和金爪蹄靴，舞起來與真獅一樣。

　　因為獅子為百獸之王，威武勇猛，象徵勇敢和力量。古人認為獅子為吉祥獸，能驅邪鎮妖，可保人畜平安，所以，在元宵佳節時，以舞獅為娛樂活動，來表示歡慶吉祥，祈望生活吉祥如意、事事平安。

　　獅子原產於非洲、南美洲和西亞。如古埃及神廟入口處有獅身人面像斯芬克司。獅子是西漢時漢武帝派張騫出使西域時帶入中國的，後來又由波斯作為珍寶貢品獻給中國，常養於帝王宮苑，百姓很難一見。《漢書·西域傳贊》

記有：大象、獅子、狗、大雀（即孔雀）為外國異獸，都是從外國引入。明李時珍《本草綱目・獅》中記有：「獅子出西域諸國，目光如電，聲吼如靂，狀如虎而小，黃色，亦如金色猱狗，而頭大尾長。亦有青色者，銅頭鐵額，鉤爪鋸牙，弭耳，昂鼻，有形髯。牡者尾上茸毛大如斗，怒則吼，百獸避易，馬皆溺血。其乳入牛馬乳中，皆化成水。雖死之後，虎豹不敢食其肉，蠅不敢集其尾。」

唐貞觀九年（635年），西域向大唐進貢獅子，唐太宗命令秘書監侍臣虞世南作《獅子賦》：

> 倏來忽往，瞋目電曜，發聲雷響，
>
> 拉虎吞貔，裂犀分象，碎隨兕於齦齶，
>
> 屈巴蛇於指掌，踐籍則林麓摧殘，哮呼則江河振盪……

由此可見獅子的威猛，能食虎豹，威服百獸，所以大唐把獅子比喻為國力強盛、威嚴剛健、凜然不可侵犯的瑞獸。

獅子從外國引入中國後，作為中國的瑞獸吉祥物，立即受到宮廷封建統治者的重視。東漢時，先作鎮陵瑞獸，墓前立石獅最早見於西漢霍去病墓。而後，在宅第、衙門、工藝品中亦有出現，作為高貴、平安、威武、勇猛和佛教法力的象徵，具有避邪、鎮宅、衛護以及象徵財富、官階品級的多重文化含義。《潛研堂類書》云：獅子為獸中之王，可鎮百獸，故古代、鎮墓、護佛，用作避邪。

獅子作為鎮守陵墓的神獸，又稱「避邪」，直接以名表明了其可以避邪

驅魔的功用。

石獅作為瑞獸後又被神化。唐、宋時，把或鹿或羊或獅這些瑞獸的頭，加上犀牛角、鳳翼、獅子身、虎尾等組合一起，並飾以祥雲，成為一種神化、理想化的吉祥獸，又稱天鹿、天祿、扶拔、狻猊、獬豸等。這反映了我國古代勞動人民的非凡想像力和藝術創造力。《宋書·符瑞志》云：「（獬豸）日行萬八千里，又曉四夷之語，明君聖主在位，明達方外幽遠之事。」這裏，獅子成了帝王的化身。《述異記》云：「獬豸者，一角之羊也，性知人有罪，皋陶治獄其罪……」所以，獬豸又稱「法獸」，置於帝王陵前，以示帝王能明察秋毫、光明正大。其實，獬豸也是人們想像的神獸，與龍、麒麟、鳳一樣，世上並不存在，是由獅子想像演化而來。

獅子作為瑞獸、神獸，與佛教有著密切關係。西漢時佛教傳入中國，作為佛教藝術中主要形象之一的獅子，也隨佛教一起傳入中國。故佛教經籍喻佛為獅。《大智度論》中稱「佛為人中獅子」。據傳佛祖釋迦牟尼誕生時「一手指天，一手指地，唯我獨尊，作獅子吼，群獸懾服」。故認為佛祖釋迦牟尼為「人中獅子」。常侍於佛祖之左右的「妙吉祥」文殊菩薩也以獅為坐騎，佛祖之座稱「獅子座」。《大智度論》云：「佛為人中獅子，凡所坐若床若地，皆名獅子座。」宋時，僧人於重陽節舉行法會稱「獅子會」；佛教喻佛主講經如雷震耳，聲震寰宇為「獅子吼」。《維摩經·佛國品》云：「演法無畏，猶獅子吼。其所講說，乃如雷震。」

佛教為象生教，把所崇拜物都賦予一定的代表性。如以蓮花代表淨土，以鹿代表法輪，以白象代表降生，以獅子代表法力。《潛研堂類書》云：「獅子為獸中之王，可領百獸，具有護法避邪作用。」

　　作為吉祥瑞獸的獅子，宋代以後因其威猛勇武，又常作鎮宅驅邪的神物，置於宮殿、衙門、寺廟、城門、祠堂、宅第等大門兩旁前面。如天安門前的四尊漢白玉的石獅子，故宮太和殿門前的一對威猛的銅獅，乾清門前的一對鎦金銅獅等。

　　門前所蹲之獅均左為雌獅，右為雄獅。雌獅腳下抱一小獅，雄獅腳踩一繡球，多作鎮宅驅邪之用，官府還將其作權威之勢的象徵。古代橋頭也各蹲一對石獅，如紹興古橋就有一對石獅，有鎮水防災之意。北京盧溝橋欄 140 根望柱上就雕有 502 個神態各異、玲瓏可愛的石獅子，已成為我國旅遊的一大人文景觀和橋樑建築裝飾一大奇跡，亦有鎮水防災之意。

　　古代「獅」與「師」同音，又以「獅」諧「師」，象徵權位和富貴。古官制有「三公」即太師、太傅、太保；「三孤」，即少師、少傅、少保。太師和少師均居其首位，都是輔弼天子、皇上為政的高官，官位顯赫。因此，人們多用來祝賀官運亨通、飛黃騰達。如傳統裝飾繪有大小兩獅的「太師少師」圖，以表示權位高居、步步高升；如繪雌雄二獅相戲滾繡球的「雙獅戲繡球」圖，以表示喜慶吉祥；如繪有獅子和蓮花的「連登太師」圖，取其蓮燈的諧音為「連登」，「獅」的諧音為「師」，有官運亨通、步步高升之意。

　　獅的形象以笑態為好，能表示吉祥如意，喜慶歡樂。故民間有口訣曰：「龍愁鳳喜獅子笑。」獅子造型特徵以頭大為佳，更顯雄威勇猛，有鎮邪功能，所以有「九斤獅子十斤頭，一條尾巴拖後頭」之訣。獅子雖為猛獸，後又逐漸演變為溫順和善、喜瑞吉祥的形象。《坤輿圖》曰：「獅子為獸王……又最有情，受人德必報。」因此，人們又崇尚獅子的品德和祥瑞。

　　雖然獅子起源比龍、鳳、龜、麟、虎「五靈」晚了千年，但進入中國

後，獅子在中國吉祥瑞獸中很快佔據重要的地位，已與「五靈」並駕齊驅，作為瑞獸深受人們的歡迎和喜愛。

中華神龍呈祥瑞
——龍與節日吉祥文化

龍為「四靈」之一，是最大的靈物，也是最大的神物。幾千年來，龍伴隨中華民族生生不息，人們又把它視為最大的吉祥物，受到人們的崇拜和信仰。

中華民族一直把龍作為民族的象徵，並將其作為圖騰來崇拜，並自稱為「龍的傳人」、「龍的子孫」。龍的形象已成為一種符號、一種情感、一種文化，所以炎黃子孫對龍表現出一種極大的無比熱愛和崇拜。

那麼，龍作為吉祥物是怎麼產生的呢？它到底是一種什麼動物，為什麼會有那麼大的靈性、神性呢？龍又有哪些神秘的傳奇呢？在這裏，就讓我們揭開龍的神奇面紗，一起來瞭解龍的昨天和今天。

龍作為吉祥物，最早曾作為人類始祖的化身。據《山海經‧海內東經》載：「（伏羲女媧）龍身而人首，鼓其腹。」我們常自稱為「炎黃子孫」，就是說黃帝和炎帝是我們的祖先。我們的祖先即為龍的化身，所以我們又稱「龍的傳人」。據《帝王世紀》記：神農氏，姜姓也，母曰任姒，有娍氏女，登為少典妃，游華陽，有神龍首感生炎帝。黃帝也為龍之體。《大象列星圖》亦云：軒轅（即黃帝）十七星在七星北，如龍之體，主雷雨之神。《宋書‧符

瑞志》曰：「其母見大電光繞北斗樞星，照郊野，感而孕，二十五月生黃帝……龍顏，有聖德。」甚至他們的後裔堯也是「母慶都出洛渚，遇赤龍，感孕」。這些都說明我們的祖先均為龍生，我們均為龍的傳人，中華民族為龍的民族。

另據考古發現，中國最早的龍產生於遠古的新石器時代的早期，距今已有七八千年的歷史。當先民們從蒙昧、野蠻走向文明時，便極力想尋找一個力大無比的神物來主宰、操縱、指揮自然界的一切，這便有了龍圖騰。對龍圖騰的崇拜，實際是人對自然物的崇拜，是祈求神給予保護。

龍是人們在崇拜和信仰幻想中創造出來的神異靈獸，和鳳一樣，現實世界中並不存在。龍具有多種動物的特徵。相傳，龍的原型由蛇、鱷魚、恐龍、長頸鹿、馬等雜糅而成，有「三停九似」之說。南宋羅願《爾雅翼》云：「龍者鱗蟲之長也。王符言其形有九似：頭似駝，角似鹿，眼似兔，耳似牛，項似蛇，腹似蜃，鱗似鯉，爪似鷹，掌似虎，是也。其背有八十一鱗，具九九陽數。其聲如戛銅盤。口旁有鬚髯，頷下有明珠，喉下有逆鱗。」《說文解字》云：「龍，鱗蟲之長，能幽能明，能細能巨，能長能短，春分而登天，秋分而潛淵。」龍還是一種會變化的神物。

龍的種類很多，據《廣雅》介紹：有鱗的稱蛟龍，有翼的稱應龍，有角的稱虯龍，無角者稱螭龍，未昇天者稱蟠龍，好水者稱晴龍，好火者稱火龍，善吼者稱鳴龍，好鬥者稱蜥龍。此外，龍又生九子，雖不成為龍，仍為龍屬，各有所好，其名目、用途、特徵如下：

贔屭：龍的長子，又稱霸下、龍龜。形似龜，好負重，力大無比，為石碑下的龜趺，是長壽和吉祥的象徵。

狴犴：龍的次子，又名憲章，形似虎，有威力，深明大義，明辨是非，常用於肅靜、迴避牌的上端，或立於獄門，象徵正義、威嚴和肅穆。

螭吻：龍的三子，又名鴟吻、鴟尾、好望、嘲風等，形似海獸，為殿脊、屋頂上的獸頭。漢武帝建柏梁殿就塑其形象於殿脊、屋頂之上，命其監四方、防火患。性好險，喜居高處張望，可滅火災，象徵吉祥、美觀和威嚴，又具消災鎮妖之意。

蒲牢：龍的四子，形似龍，性好吼，吼聲響千里，為鐘上獸鈕。

囚牛：龍的五子，狀如有角的小龍，平生最喜歡音樂，在撥彈弦拉的琴頭上常見其形象。

椒圖：龍的六子，形似螺蚌，性溫順好靜，故立於門鋪首，或刻畫於門板上，象徵家宅安寧、祥和。

饕餮：龍的七子，形狀似狼，生性貪婪，性好食，故立於鼎蓋，象徵貪欲，故常用來形容貪婪、貪食的人。

狻猊：龍的八子，又名金猊、靈猊，形似獅，性喜靜，好煙火，故立於香爐。因它為佛的坐騎，所以又稱好坐，象徵吉祥、威武、威嚴。

睚眥：龍的九子，性好殺、喜鬥，故立於刀環、劍柄，象徵威嚴、莊重。

龍為神物，故神人多乘龍於天空雲遊四海。如祝融乘兩龍，夏后啟乘兩龍，句芒乘兩龍，「顓頊乘龍而至四海」，「帝嚳春夏乘龍」（《大戴禮‧五帝德》）。

古代龍還與帝王相關聯，成為帝王和權力的象徵。

歷代帝王為宣揚「君權神授」的意旨，為奪取政權和鞏固政權，往往都

要編造和傳揚自己與龍的密切血緣關係。如傳漢朝的開國皇帝劉邦是其母與龍交配而生，為龍種，所以劉邦醉時常顯龍形。於是古代帝王被稱為「真龍天子」。帝王做皇帝是「真龍出世」，是授天之旨意，不可違抗天意。龍成為至高無上的神聖，皇帝即龍。故把他們穿的衣服稱龍袍，坐的椅子稱龍椅，睡的床稱龍床，甚至把他們的身體也稱為龍體，子孫稱龍子、龍孫、龍種。龍已成為帝王政治和精神統治不可缺少的支柱。因此，龍成為皇帝的專利。這從歷朝對用龍所作的嚴格規定也可以看出，如元代規定：大龍為五爪，皇帝專用，民間禁止使用。明朝大臣袍服上繡的龍稱蟒，也只能四爪，叫蟒袍。明、清規定四爪為蟒，大臣袍服上用。五爪為龍，皇帝袍服上專用。古代，龍作為權威，規定非常明確，目的是帝王為維護他們的尊嚴和權力，有「天授君權」不可逾越之意。

到了清代，龍又成為國家國旗的標志，當時三角形的「黃龍旗」成為國旗。大清郵政發行的第一枚郵票也為龍票。這說明，龍不僅作為帝王權力的象徵，也已上昇到象徵國家和民族。

龍還是王道仁政、河清海晏的瑞應徵象，傳說黃帝軒轅氏時有龍馬從黃河中出現，背負河圖。《瑞應圖》云：「龍馬者，仁馬也，河水之精，高八尺五寸，長頸有翼，傍有垂毛，鳴聲九哀。」又傳說黃帝在荊山鑄鼎，鼎鑄好時，有龍迎帝昇天。因此，後世把龍比附帝王。如把皇帝的即位和興起稱「龍飛」。《易經·乾》云：「飛龍在天，利見大人。」喻新王朝興起為龍興。漢孔安國《尚書序》云：「漢室龍興，開設學校，旁求儒雅，以闡大猷。」疏云：「言龍興者……故比之聖人，飛龍在天，猶聖人在天子之位。」

明、清時期，象徵皇權、威嚴的龍也已逐漸走向民間，並且被賦予了人

性和靈性，成為人與自然和諧相處的吉祥物和造福人類的神物。漢族俗信龍專司雨水，故有民間供奉龍王的信仰。年節時候很多地方有舞龍的習俗，以祈風調雨順、五穀豐登；端午節有賽龍舟的習俗，以此紀念偉大詩人屈原；二月二有龍抬頭，以引龍回，興雲布雨，給人間帶來豐收的習俗；六月六有曬龍袍的習俗；等等。把龍與國泰民安、風調雨順聯繫起來，成為祥瑞神靈的象徵。

在民間，人們的生活也與龍密切相連，如找到好女婿稱「乘龍快婿」，嚴格要求教育子女稱「蒼龍教子」，國泰民安稱「龍麟獻瑞」，生男女雙胞胎稱「龍鳳胎」，等等。在民間，龍具有吉祥、富貴、靈異等品質，成為人們景仰、膜拜、供奉的吉祥神物。龍文化已形成一種觀念，在國人的心目中根深蒂固，並滲透到人們生活的方方面面，成為民族文化的象徵。

龍為神異的吉祥瑞獸，與其它吉祥物相組合，更顯其豐厚的吉瑞文化內蘊。龍與鳳組合，有龍鳳呈祥之喜瑞，多用於新婚祝吉；龍與虎結合，有龍騰虎躍、生龍活虎之勢威，比喻動作矯健活潑；龍與魚結合，有魚躍龍門，喻仕途騰達之意；等等。

特別值得一提的是「二龍戲珠」的紋圖，在古今建築藝術、服飾、雕刻上多有運用，呈現出一種喜慶、祥瑞的吉象。相傳，龍珠為太陽。龍珠周圍多有火焰升騰。因為龍為四靈之一，位屬東方，太陽陞於東方，龍珠也為神物。神龍戲珠，當然為吉祥瑞象，所以，龍珠與龍一樣是瑞物，具有神奇的力量。

民間還有一個關於龍珠的傳說故事。古時候，山裏有個青年叫青雲，父母早亡，孤獨一人生活。他為人正直勇敢、善良老實，為百姓辦了不少好

事，山民們都誇讚他。有一天，青雲在山上砍柴，突然暴雨驟起，烏雲翻卷，一道金光直沖雲天，彷彿一條金龍在飛舞。為避雨，青雲只好臨時躲在附近的山洞裏。待雨過後，青雲忽見山洞不遠處，剛才金龍飛舞的草叢中，一片光芒閃耀。他壯著膽子走過去，見草叢中有一顆金光閃閃的珠子。他撿起珠子便帶回了家，隨手就放在米缸裏。第二天早上起來，他去淘米做飯，見昨天僅剩半碗米的米缸，變成了滿滿的一缸白米。他立即明白了這可能是個寶珠。他又有意放在裝銅錢的小木盒裏，過了一會兒，小木盒裏也變出滿滿一盒錢。青雲高興異常，就把這些大米和銅錢用來接濟貧窮人家，並把他得到寶珠的經過向大家講了。

這件事一傳十，十傳百，很快傳到當地一個地主惡霸牛狗仔的耳中。牛狗仔頓時起了歹心，晚上就帶著一幫人來搶寶珠。青雲見牛狗仔帶著狗腿子來搶寶珠，情急之下就把寶珠放在口中，一不小心咽了下去。

龍珠一下肚，他立即覺得口渴難耐，喝完家裏水缸裏的水也不解渴，立即又跑到村邊河裏喝。牛狗仔和狗腿子剛追到河邊，青雲已頭上長角，身子變成了蛇身，全身是金光閃閃的鱗片。不一會兒，一條金龍騰空而去。相傳，寶珠是龍卵，龍生卵，卵生龍子。青雲吞了寶珠後成為龍子，具有龍一樣的本領，會給人間帶來吉祥。

龍珠平時藏在龍的口中，高興時才會吐出來戲耍一會兒。特別是兩條龍戲龍珠，更表示喜慶和祥瑞。因此，民間多喜歡在雕刻、剪紙、刺繡時，用繪有「二龍戲珠」的吉祥紋圖。

關於龍的紋圖，還不能不提到「團龍」。因為這種紋圖運用最多、最廣泛。團龍紋始於唐代。唐代是中國封建社會政治、經濟最繁榮的時期，也是

漢代之後社會經歷動亂走向和平、統一的時期。因此，人民向往團結、統一、和平，便出現了象徵團結、和諧、圓滿的團龍紋。

團龍又分為正向「坐龍」和左右側向的「行龍」。坐龍周圍往往飾有「八吉祥」、「萬壽」等字元和如意雲、火珠、海水、壽山等，該紋圖常繡於帝王胸前，象徵威嚴，有江山穩定、天下太平、吉祥萬壽之意。行龍有升龍、降龍之分，升龍為「君承天意」；降龍為「下察民意」，意為君王是奉天承運、俯仰天地。

「古老的東方有一條龍，她的名字就叫中國……」20世紀80年代初臺灣一首校園歌曲《龍的傳人》早已唱遍海峽兩岸，龍已融入中華民族的血脈中，成為凝聚民族感情的凝固劑，成為團結中華各民族的紐帶。龍已成為中華民族的驕傲。世界各地的炎黃子孫，也都以自己是「龍的傳人」而自豪。

龍的騰飛，象徵中華民族的振興。特別是隨著我國改革開放和國力的日益強盛，人民生活水準逐步提高，文化藝術生活日益豐富，龍文化得到很好的發揚光大。如今凡是有華人居住的地區，每逢年節都有舞龍、賽龍舟等節日文娛活動。而且，賽龍舟已成為一項國際性的體育活動。

吃了湯圓好團圓

——元宵與節日吉祥文化

歡度元宵佳節，不能不提到吃吉祥食品元宵。元宵又俗稱湯圓、湯糰、團子等。宋陳元靚《歲時廣記》中則又稱為「元子」。宋周密《乾淳歲時記》

稱為「乳糖元子」。清顧祿《清嘉錄》中稱為「圓子」：「上元，市人簸米粉為丸，曰圓子。」因時代不同，地域不同，其名稱也不相同，但都是指食品元宵。

食品元宵與節日同名，顯然是借節日之名而來。元宵節吃元宵象徵闔家團圓，取意新的一年全家團圓幸福、美美滿滿。用元宵饋贈親朋好友，又表示百事順意、圓滿的祝願。

元宵節吃元宵，是我國的節日飲食習俗。據傳，元宵始於我國宋代。宋代詩人姜白石有一首《詠元宵》詩中寫道：「貴客鉤簾看御街，市中珍品一時來。」詩人所寫的御街上的市中珍品即指食品元宵。宋周必大也有一首《元宵煮食浮圓子》的詩：

今夕是何夕，團圓事事同。

湯官尋舊味，灶婢詫新功。

星燦烏雲裏，珠浮濁水中。

歲時編雜詠，附此說家風。

詩中真實地記敘了當時家家元宵節吃元宵象徵團圓的風俗。

宋代詞人史浩在《人月圓・詠圓子》詞中寫道：「六街燈市，爭圓鬥小，玉碗頻供。香浮蘭麝，寒消齒頰，粉臉生紅。」

詞中不僅寫出宋時燈市街巷賣元宵的情景，並把元宵的「香浮蘭麝」的形狀、香味和「寒消齒頰」的驅寒、暖頰的功能，以及吃了元宵後「粉臉生紅」的效果都寫了出來，怎能不讓人嘴饞想吃上一碗？由此也可以看出元宵

在宋代已成為人們喜食的節日食品。宋史浩還有一首《粉蝶兒·詠圓子》詞寫得更有情趣：

> 玉屑輕盈，鮫綃霎時鋪遍。看仙娥，騁些神變。咄嗟間，如撒下，珍珠一串。火方燃，湯初滾，盡浮鍋面。歌樓酒壚，今宵任伊索喚。那佳人，怎生得見。更添糖，拼折本，供他幾碗。浪兒們，得我這些方便。

　　詞中把賣元宵的女子制作元宵、下鍋煮元宵的神速過程都寫了出來。還寫出吃元宵的浪兒們為一睹仙娥、佳人的芳容而爭買她們煮的元宵吃的場面。這是一幅多麼生動形象的宋代都市元宵風俗畫啊！

　　到了清代，吃元宵的風俗更加盛行。元宵除了在元宵節吃外，也成為人們平時喜食的一種食品。舊時北京賣元宵者當眾制作，邊搖邊跳，還唱著小曲。《老北京風俗》記有：北京的元宵都是先做餡（有山楂白糖、桂花白糖、棗泥、澄沙、奶油）。把糖化好後，摻上果料，等著凝固成坨後，切成骰子形的方塊，一顆顆放在大笸籮內的糯米粉上，搖晃笸籮使餡粒滾來滾去而黏上糯米粉，撈起蘸水，再下笸籮搖滾，餡粒便一層層地裹上了厚厚的糯米粉，即成了元宵。店夥計們邊搖邊跳，儼然是在舞蹈，逛燈人不免要駐足圍觀，人越多，搖元宵的夥計們越起勁，甚至有的還即興唱起了小曲。

　　關於食品元宵，還與竊國大盜袁世凱有一段趣聞軼事呢。

　　傳說，袁世凱篡奪了辛亥革命的成果後，一心想復闢登基做皇帝，又怕人民反對，終日提心弔膽。

　　1913 年正月十五元宵節，大街小巷賣元宵的叫喊聲不斷。因「元宵」與

「袁消」同音，袁世凱聽後心中很是不安，認為「袁消」有袁世凱被消滅之嫌，這是他莫大的忌諱。於是，密詔警事廳勒令賣元宵者不准再喊「賣元宵」，改呼「賣湯圓」，甚至令招幌上的「賣元宵」改為「賣湯圓」。

但是，改過之後，袁世凱細一琢磨，改為「湯圓」也不吉利，有湯煮袁世凱之嫌，更讓他膽戰心驚。後來，乾脆下令不讓再叫賣。

虧心人做虧心事，袁世凱心中有鬼，連叫賣元宵、湯圓都成了他的忌諱，實乃可笑。為此，當時老報人景定成寫有一首《洪憲雜詠》詩云：

偏多忌諱觸新朝，良宵金吾出禁條。

放火點燈都不管，街頭莫唱「賣元宵」。

元宵為節日吉祥食品，象徵團圓美滿。是時，天上一輪圓月，碗裏顆顆玉圓，家家闔家團圓。天上人間，和和美美，元宵象徵團圓的吉祥文化內涵，深深地滋潤著人們的心田。正如臺灣民歌《賣湯圓》中所唱：「一碗湯圓滿又滿，吃了湯圓好團圓。」

（四）清明節民俗文化與吉祥物

每當進入農曆三月，春天的序幕便慢慢拉開，處處風和日麗，燕囀鶯啼，桃紅柳綠，春意盎然。此時也正是農耕春播的大好時節，所以農諺有「清明前後，種瓜種豆」，「清明下種，谷雨插秧」，「清明谷雨，浸種春種」，等等。

清明為農曆二十四節氣之一，舊稱「三月節」，陽曆一般在每年的 4 月 5 日前後，是中國傳統的節日之一。因清明一到，氣溫升高，雨量充沛，按《歲時百問》云：「萬物生長此時，皆清淨明潔，故謂之清明。」《淮南子·天文訓》云：「春分後十五日，鬥指乙，為清明。」宋陳元靚《歲時廣記》亦曰：「清明者，謂物生清淨明潔。」由此可見，清明兼具有節日和節氣兩重意義。

按節日文化來講，節氣僅指物候和時令的變化，節日卻蘊含有民俗風情和某種節日的內涵和意義。而清明節既是春耕播種時節，又是民間的一個重要節日，所以有掃墓、踏青、郊遊、放風箏、插柳、戴柳等民間習俗。

清明節的重要活動之一是祭祖掃墓。追溯清明掃墓的由來，這要從寒食禁火說起。

為什麼要寒食禁火呢？唐代詩人盧象《寒食》詩云：

子推言避世，山火遂焚身。

四海同寒食，千秋爲一人。

這首詩是說，千秋寒食是為了紀念介子推的。相傳在春秋時期，晉國的國王晉獻公被年輕貌美的妃子驪姬所迷，驪姬為了讓自己的親生兒子奚齊繼位，便用計陷害原妃的太子申生和重耳，申生被逼自殺。重耳和大臣介子推等人一起逃離晉國。

有一次，他們在山中迷路，幾天沒吃東西，重耳饑腸轆轆，頭昏眼花。這時跟隨重耳的臣子大部分都已偷偷逃跑了，只剩下幾個人。不一會兒，介子推端來一碗肉湯。饑不擇食的重耳也不問來由，就狼吞虎嚥地吃了下去，頓感身上有了精神。豈不知這是介子推見重耳飢餓難挨，用從自己的大腿上割下來的肉熬成的肉湯。19 年後，重耳回晉國做了國君，這就是後來成為霸主的晉文公。

重耳繼位後對原來跟從他的人大加封賞，卻唯獨忘了介子推。介子推也不願邀功請賞，自己隱居綿山（今山西介休縣西南）。有人向晉文公重耳遞上一封信，信中寫道：

> 有龍矯矯，頃失其所。五蛇從之，走遍天下。
> 龍饑無食，一蛇割股。龍反其淵，安其壤土。
> 四蛇入穴，皆有處所。一蛇無穴，號於中野。

晉文公見信後，深感愧疚，立即派人去請介子推出山。介子推執意不願出山，並和老母在山中躲了起來。又有人出主意說：「介子推是個孝子，用大火一燒，他肯定會背老母出山。」晉文公便下令燒山。誰知大火燒了三天三夜，仍不見介子推出來。等火熄滅後人們到山上一看，介子推母子倆竟抱著

一棵大柳樹被活活燒死。晉文公下令重葬介子推母子。士兵們在搬運安葬介子推遺體時，發現大柳樹根的樹洞內有一塊血書，立呈晉文公。晉文公見血書上寫著一首詩：

> 割肉奉君盡丹心，但願主公常清明。
>
> 柳下作鬼終不悔，強似伴君作諫臣。
>
> 倘若主君心有我，憶我之時常自省。
>
> 臣在九泉心有安，勤政清明復清明。

晉文公深為介子推這種忠心耿耿、不為求官的高風亮節所感動，亦為身邊失去這樣一位忠臣而異常痛心。晉文公為悼念介子推，便下令把綿山改為介山，在山上大柳樹下的介子推墳墓旁建立祠堂，並把放火燒山這一天定為「寒食節」，每年這天禁止煙火，只吃冷飯。後遂相沿成俗。唐代大詩人杜甫《熟食日示宗文宗武》詩中有「幾年逢熟食，萬裏逼清明」的詩句。詩中的熟食，不是指用火來做熟食，而是因禁火預先把食物做熟，為過節備用的食物。

相傳，晉文公在綿山祭拜過介子推後，專門令人伐了一段燒焦的柳木，回宮做了一雙木屐。晉文公每當穿上這雙木屐時，就悲歎道：「悲哉足下！」「足下」這一古代上級對下級，或同輩之間的相互尊稱即由此而來。

第二年，清明時，晉文公率領群臣徒步素服到介山祭奠介子推。到了介子推被燒死的大柳樹前，見大柳樹又枯木逢春，生出很多嫩綠的柳條，隨風飄舞，像是介子推在世。晉文公走到柳樹前先是一拜，然後摘下一條柳枝編個柳圈戴在頭上，以示悼念。

　　祭奠掃墓後，晉文公賜這棵大柳樹為「清明柳」，又把這天定為「清明節」。

　　晉文公在位期間，常用介子推的血書來鞭策自己，勵精圖治，勤政清明，百姓安居樂業，國泰民安。每逢清明那天，大家都禁煙火，吃熟食，在房前屋後插柳條，戴柳圈，以示紀念，後來逐漸形成民俗。

　　到了唐代，祭墓之風已十分盛行。唐玄宗於開元二十年（732 年）還下詔：「士庶之家，宜許上墓，編入五禮，永為常式。」並把寒食節和清明節合二為一。柳宗元在《與許京兆書》中記：「（清明）田野道路，士女遍滿，皁隸傭丐，皆得上父母丘墳。」此後，清明掃墓之風世代傳承，至今不衰。唐代詩人王建有《寒食行》詩云：

　　　　　　寒食家家出古城，老人看屋少年行。
　　　　　　丘壟年年無舊道，車徒散行入衰草。
　　　　　　牧童驅牛下冢頭，畏有人家來瀧掃。
　　　　　　遠人無墳水頭祭，還引姑婦望鄉拜。
　　　　　　三日無火燒紙錢，紙錢那得到黃泉。
　　　　　　但看壟上無新土，此中白骨應無主。

　　該詩真實地描繪了當時的掃墓情景。寒食那天家家都出城掃墓，只留老人看家，連牧童也把牛從墳頭趕下來，害怕有人來掃墓。客居遠方無墳的人，就在水邊燒紙錢，引領姑婦望鄉遙拜，表達對先祖的祭奠和哀思。我國古代已有飲水思源、追祭先人的傳統美德，清明掃墓也成為傳統習俗。

　　清明除掃墓外，還有踏青、蕩秋韆、放風箏、插柳、戴柳等風俗。因清明正逢春季三月，春光明媚，春風駘蕩，春花遍野，春色迷人，春意盎然，或舉家出動，或邀三五好友，一起到郊外春遊踏青正是大好時光，一方面可以呼吸大自然的清新空氣；一方面可以放鬆思緒，再結合一些春遊活動，會使人精神振奮、心情愉快，給人帶來快樂吉祥。唐代大詩人杜甫有《麗人行》詩云：「三月三日天氣新，長安水邊多麗人。」他還專門寫有一首《清明》詩云：「著處繁花務是日，長沙千人萬人出。」宋代詞人張先亦有《木蘭花・乙卯吳興寒食》詞云：「芳洲拾翠暮忘歸，秀野踏青來不定。」由此可見，當時踏青是何等熱鬧，景色是何等憂美，暮色已近，踏青人仍留戀忘歸。

鳶飛蝶舞喜翩翩
──風箏與節日吉祥文化

　　春回大地，風和日麗，鶯歌燕舞，桃紅柳綠。春天是放風箏的大好季節。特別是清明前後，春風由下往上昇，最適宜放風箏。古時，清明節結合踏青、郊遊、放風箏，還有消災、除難、放晦氣的習俗，所以把風箏也作吉祥物來看待。

　　風箏，古時又稱紙鳶、風鳶、鷂子、紙鷂等。我國是最早發明風箏的國家。相傳春秋戰國時期，公輸般（即魯班）就曾經削竹為鵲，成而飛之。墨子也曾做木鳶，仿鳥而飛行。當時的竹鵲、木鳶，僅為風箏的雛形。另據《稗史彙編》所記，真正以紙做風箏始於漢高祖時大將韓信。明王三聘《古今

事物考・風箏》云：「漢高祖之征陳豨也，韓信謀從中起，故做紙鳶放之，以量未央宮遠近，欲穿地隧入宮中，今謂之風箏。」另傳，南北朝時，梁武帝太清三年（549年），武帝蕭衍被叛臣侯景圍困在臺城，兵疲糧絕。大臣羊侃以紙鳶飛空，用來傳遞告急詔書，向外求援。類似的例子很多，但大多用於軍事。到唐代以後，風箏才成為遊戲消遣之物。可見，風箏的問世至少已有兩千多年的歷史。明陳沂《詢芻錄》云：「風箏，即紙鳶，又名風鳶。初，五代漢李鄴於宮中做紙鳶，引線乘風為戲。後於鳶首以竹為笛，使風入作聲，如箏鳴，俗稱風箏。」其實，在此前的唐代詩人高駢就已有《風箏》詩：

> 夜靜弦聲響碧空，宮商信任往來風。
> 依稀似曲才堪聽，又被風吹別調中。

　　唐代高駢已聽見風箏的這種美妙似曲的宮商弦聲，並寫此詩為證，可見「風箏」一名也應由唐代始有。不過風箏起初僅限於宮內公子、小姐放飛玩賞。直到宋代以後，風箏才走入民間，成為百姓人家喜愛的一種娛樂工具。到了明、清時期，放風箏不僅成為人們喜愛的一種文娛活動，而且風箏還成為一種傳統民間工藝品，已在紮、糊、繪、放四藝上達到了相當高的水準。《紅樓夢》的作者曹雪芹在北京西山窮居著書時

　　曹雪芹畫像，就集前人之大成，對風箏的紮糊之法、彩繪之要、起放之理進行詳察和仔細研究，寫出了一本《南鷂北鳶考工志》。書中詳細地記敘了雙鯉、彩蝶、翼燕、螃蟹、雙童、寵妃等四五十種風箏的制作技法和工藝，成為全面介紹我國風箏的第一書。

　　曹雪芹不僅是研究紮制、著述我國風箏的專家，而且還把放風箏寫入書中，其《紅樓夢》中就多處記有清明節賈寶玉、林黛玉等放風箏的情節。其中有一段賈寶玉神遊太虛境，翻看《金陵十二釵正冊》時見：「後面又畫著兩個人放風箏，一片大海，一隻大船，船中有一女子，掩面泣涕之狀。」下面有四句詩寫道：

> 才自清明志自高，生於末世運偏消。
> 清明涕泣江邊望，千里東風一夢遙。

　　曹雪芹明顯是以清明放風箏來寫探春遠嫁之命運。後面還有一段寫林黛玉放風箏時不忍將制作精巧的風箏放出，李紈勸她說：「放風箏圖的就是這一樂，所以叫放晦氣。你該多放些，把病根兒帶去就好了。」而寫紫鵑要去拾斷了線的無主風箏時，探春又勸阻說：「拾人走了的，也不嫌個忌諱？」

　　古時，清明節人們放風箏相傳可消災除難、放飛晦氣，忌諱拾別人的風箏，以免拾到別人的晦氣。

　　還有的人在放風箏時，把煩惱寫在紙上，輕貼於風箏上，讓煩惱隨風箏放飛，祈願新的一年萬事吉祥如意，一切順利，青雲直上。正如清末畫家吳友如在上面這幅畫中所題之詩：

> 只憑風力健，不假羽毛豐。
> 紅線凌空去，青雲有路通。

　　清明放風箏可消災、除晦氣的習俗到今天已淡化，但放風箏確是一項有益身心健康的體育、娛樂活動。據《續博物志》書中所說：「（放風箏）引線而上，令小兒張口仰視，可以泄內熱。」醫學科學研究表明：春天郊外放風箏，沐浴著春天的陽光，呼吸著新鮮空氣，奔走仰望，不僅令人心曠神怡，而且對治療抑鬱症、神經衰弱、視力減退、腰椎病、頸椎病等都有奇效。

　　放風箏對人們有益又有趣，受到人們廣泛的喜愛，特別是青少年更喜歡這項活動。由此，也成為歷代詩人贊詠的對象。清代詩人高鼎的《村居》詩很有名，為我們描繪出一幅草長鶯飛、柳醉春煙的春天美景，以及鄉村兒童放風箏的生動畫面：

　　　　　　　草長鶯飛二月天，拂堤楊柳醉春煙。
　　　　　　　兒童散學歸來早，忙趁東風放紙鳶。

　　宋王令也有一首《紙鳶》詩寫得很有趣：

　　　　　　　誰作輕鳶壯遠觀，似嫌飛鳥未多端。
　　　　　　　才乘一線憑風去，便有愚兒仰面看。

　　元無名氏還有一首《喻紙鳶》的散曲：

　絲綸長線寄天涯，縱放由咱手內把。紙糊披就沒牽掛，被狂風一任刮。線斷
　　　在海角天涯，收又收不下，見又不見它，知它流落在誰家。

　　詩人以風箏喻人，看似在詠風箏，其實是在詠人，寫出了一位女子對流落海角天涯的「他」的思念，一語雙關，情趣盎然。不僅古人多有詠風箏的詩，近代也有很多著名名人詠風箏的詩。1936 年，郭沫若在日本東京同郁達夫一起去郊外夜訪於立忱。於立忱拿出一首《詠風箏》詩，讓兩位朋友看：

　　　　　　碧落何來五色禽，長空萬裏任浮沉。
　　　　　　只因半縷輕絲係，辜負乘風一片心。

　　郭沫若讀罷，深有所感地即興也吟了一首《斷線風箏》詩和之：

　　　　　　橫空欲縱又遭擒，掛角高瓴月影沉。
　　　　　　安得姮娥宮裏去，碧海晴天話素心。

　　短短四句詩，透露出郭沫若與郁達夫意欲歸國報效祖國的急迫心情，實令人讚賞。

　　在春光明媚的大好時光，來到郊野，放飛風箏，看看風箏扶搖直上，高飛雲端，定會心曠神怡，其樂無窮。正如我國當代著名學者鄧拓先生的《紙鳶》詩所云：

　　　　　　鳶飛蝶舞喜翩翩，遠近隨心一線牽。
　　　　　　如此時光如此地，春風送你上青天。

今天放風箏不僅成為一種文體娛樂活動，風箏還作為一種藝術和吉祥物受到人們的廣泛歡迎，並且已形成一種風箏文化受到人們的重視。

如今風箏還作為一種友誼的紐帶，連接全世界，受到世界各國人民的喜愛。天津和山東濰坊的風箏已遠銷英、美、法、德等 20 多個國家，每年為國家換回大量外匯。從 1984 年開始，山東濰坊每年都舉行一次國際風箏節，而且風箏的品種、參加的國家，一年更比一年多；紮制的工藝、放飛的技術也一年更比一年高。正如我國著名電影藝術家白楊在《風箏歌》中所云：「萬民爭看，風箏飛滿天。世界來賓，心潮更騰歡……祝願友誼永不忘，記取童心共一片。」

清明家家插楊柳
——柳與節日吉祥文化

二三月，大地回春，萬物復蘇，柳樹作為春的使者，最早向人們傳遞春的信息，也最早給人們送來吉祥如意的喜訊，為人們驅邪禳災，成為人們心中的吉祥物，受到人們的青睞和喜愛。

柳樹作為吉祥物，具有驅邪的功能源於佛教。據佛教經典《灌頂經》載：「禪拉比丘曾以柳枝咒龍。」佛教故事中，南海觀音就是一手托淨瓶，一手拿柳枝，以柳枝蘸淨瓶中的水向人間遍灑甘露，以祛病消災。受此影響，民間便以柳為驅邪消災的吉祥物，稱柳為「鬼怖木」。南北朝時，已有插柳和頭上戴柳的習俗。北魏賈思勰《齊民要術》曰：「正月旦取柳枝著戶上，百鬼

不入家。」到唐朝時，又演變成為寒食節時插柳和戴柳圈驅邪避毒的習俗。唐段成式《酉陽雜俎》云：「三月三日，賜侍臣細柳圈，言帶之可免蠆毒。」唐代詩人韓翃《寒食》詩云：「春城無處不飛花，寒食東風御柳斜。」因此，清明也稱「插柳節」。

五代時，清明節家家門楣上插柳之風已興。北宋詩人楊徽之在《寒食寄鄭起侍郎》詩中有：「清明時節出郊原，寂寂山城柳映門。」宋孟元老《東京夢華錄》中所記的宋都東京（今開封）清明節插柳的習俗更詳：「清明節……柳條之，插於門楣，謂之子推燕……」宋吳自牧《夢粱錄》亦云：「（清明）家家以柳條插於門上，名曰『明眼』。」南宋詩人陸游《清明》詩云：「忽見家家插楊柳，始知今日是清明。」

到了明、清時代，插柳之風依然盛行，並賦予了更多的文化內涵。如以插柳來占年成好壞、預測當年豐歉，插柳還可明目等。清顧祿在《清嘉錄》中記載：清明節時，江南各地大街小巷出售楊柳者叫賣聲不絕於耳，家家門上插柳，農人以插柳日晴雨來占卜水旱，晴則主旱，雨則主水。故民間有諺語曰：「簷前插楊柳，農夫休望晴。」在江浙一帶，不僅門簷插柳，還有男女和兒童把柳枝編成環或挼成柳球戴於頭上的風俗。明田汝成《西湖遊覽志餘‧熙朝樂事》載：清明之日，家家插柳滿簷，青翠可愛。不僅房前插柳，而且男女均戴柳冠或柳葉環。當時有謠諺說：「清明不戴柳，紅顏成皓首。」這裏清明戴柳，以示青春永駐、紅顏不衰。特別是婦女戴柳，有對青春年華的珍惜和留戀。此外，還有民諺曰：「清明不戴柳，來生變豬狗。」「清明不戴柳，死在黃巢手。」相傳黃巢起義之日為清明節，以戴柳圈為號，因此，流行此民諺。近人楊韞華有《山塘棹歌》記江南農村插柳、戴柳的風俗：

　　　　　清明一霎又今朝，聽得沿街賣柳條。

　　　　　相約比鄰諸姐妹，一枝斜插綠雲翹。

　　直至今日，清明節插柳、戴柳之風俗在江南仍有流行。

　　柳作為吉祥物與「折柳贈別」的風俗也有關。相傳，古代人送行離別時，都要折柳枝贈別，以表示難分難別、依依不捨的心意。這種習俗最早源於《詩・小雅・采薇》：「昔我往矣，楊柳依依。」據載：灞橋在長安東，漢人送客至此，折柳贈別。相傳，漢代時長安灞橋兩岸，堤長十里，一步一柳，凡長安東去的人多在此地折柳贈別親人。因「柳」與「留」諧音，以表示依依不捨的挽留之意。另外，柳是春的標志，每當春天來時，它最早鵝黃吐綠，給人以「春之友」之感，所以蘊含有欣欣向榮、春意盎然、友誼永存之意。

　　漢代還有首曲子叫《折楊柳》，就是抒寫離愁別恨的，誰聽了都會觸動離情別緒，多情的詩人更不用提了。所以唐代大詩人李白在《春夜洛城聞笛》詩中寫：「此夜曲中聞折柳，何人不起故園情。」

　　柳作為吉祥物還與它有頑強的生命力和多種用途有關。人們常言：「有意栽花花不活，無心栽柳柳成蔭。」就是說柳樹極易成活，隨意折一柳枝，插於河畔溝邊都可長成大樹。柳還是一種可治多種疾病的良藥。柳芽泡茶可明目、去眼疾、消炎；用柳絮可敷傷止血。南朝名醫陶弘景還有「柳葉煎水可洗瘡」之說。明李時珍《本草綱目》云：柳根「治黃疸、白濁。酒煮，熨諸痛腫，去風止痛消腫。」農民還用柳葉治刀傷等。柳木用途更廣，是傢俱和建築的極好用材。

　　柳樹這麼多功用，當然會受到人們的喜愛。而且，也得到歷史上很多名

人的青睞。歷史上最喜歡柳樹的當數陶淵明瞭。他有一篇自傳體散文《五柳先生傳》，文中曰：「宅邊有五柳樹，因以為號焉。」他用柳樹來寄寓自己安貧守拙、不慕榮華、安於清貧的高風亮節，並自號「五柳先生」。

此外，唐代柳宗元先生也愛柳、種柳。這裏還有一段他與柳的故事。

唐憲宗元和九年（814 年）夏，柳宗元因改革失敗，再度遭貶到蠻荒之地柳州任刺史。他到任不久，柳江洪水氾濫，江堤險情不斷，嚴重威脅著柳州城。他不顧路上疲勞，一到柳州就親自上堤督率抗洪，加固江堤，保住了柳州。嗣後，他提出了修堤和栽樹並舉的方針。因柳樹易成活，生長快，他主張種柳樹護堤。當時有人就以這種平淡無奇的柳樹來諷刺他的人品不高。柳宗元便以《種柳戲題》詩為答：

> 柳州柳刺史，種柳柳江邊。
> 談笑為故事，推移成昔年。
> 垂陰當覆地，聳幹會參天。
> 好作思人樹，慚無惠化傳。

從詩中看出，柳宗元不僅不改變堤上種柳的主張，還熱情地讚美柳樹的這種高尚而平凡的品格。柳州人民按照柳宗元的倡議在堤上廣種柳樹，後來，柳堤上的柳樹在護堤防洪中立了大功，而且柳江邊的垂垂柳蔭已成為柳州一大遊覽景觀。

今天，人們漫步在柳江邊柳堤上的柳樹下時，都會想到柳宗元先生。這些故事無疑也增添了柳的吉祥文化蘊涵。

（五）端陽節民俗文化與吉祥物

農曆五月初五是我國的傳統節日端午節。「端」是初的意思，「初五」又稱「端五」。按地支順序推算，五月為「午月」，所以五月初五又叫「端午」。又因為午時是「陽辰」，所以又稱「端陽」。五月初五兩個「五」，故又稱「重五」、「重午」。此外，端午節還有天中節、天長節、沐浴節、女兒節等別稱。端午節是我國民間傳統三大節日（春節、端午、中秋）之一，受到全國各地人們的普遍重視和歡迎。

端午節的歷史悠久，起源眾說紛紜。其中較有影響的有四種說法。一說端午節起源於吳越民族對龍圖騰的崇拜活動；二說端午節起源於古代的夏至風俗；三說起源於惡月、惡日說；四說起源於紀念投汨羅江而死的偉大愛國主義詩人屈原。

端午為紀念屈原之說較為普遍，影響較大，表達了人們對偉大詩人的崇敬。

屈原是戰國時期楚國人，22 歲就已官居左徒、三閭大夫，得到楚懷王的信任和器重。屈原積極革新，卻遭到舊貴族子蘭和姦臣靳尚等人的打擊和誹謗。楚懷王由於聽信讒言，疏遠了屈原。楚頃襄王繼位後，屈原又被削職，流放到江南。屈原眼看國家江河日下，救國的願望徹底破滅了，他滿懷悲憤、憂慮和絕望，於公元前 278 年農曆五月初五，縱身投入波濤洶湧的汨羅江中。屈原投江時 62 歲。表達了他堅持理想、堅守高潔品格的愛國主義精神。

當楚國人民得知最崇敬的賢臣屈原投江後，紛紛爭先恐後划船來打撈拯救，但不見蹤影，這便演變成後來的賽龍舟的風俗。人們打撈不到屈原，極度悲慟，便用竹筒裝上米投江祭之。

又傳，東漢光武帝劉秀執政的建武年間，長沙有個叫區曲的人，夢中見到一位自稱三閭大夫屈原的人對他說：「多年來人們祭我的米都被江中的蛟龍吃了，太可惜。今後你們再祭我時用楝葉或蘆葉塞住竹筒，再用五色絲線纏好，因為蛟龍最怕楝葉、蘆葉和五色絲線了。」區曲把夢中所見告訴了大家，從此人們便按他所說的去辦。此俗也一直沿襲下來，演變為端午節吃粽子的風俗。當時流傳於民間的一首民謠，全面地記敘和反映了農曆五月初五端陽節的民風民俗：

五月五，是端陽。門插艾，香滿堂。
吃粽子，撒白糖。龍船下水喜洋洋。

我國民間在端午節這天，除了吃粽子、賽龍舟這些祭祀活動外，還有飲雄黃酒，戴香包，懸艾草、菖蒲，掛鍾馗像等習俗。

縱觀古今端午風俗，大致可分為兩大類：一類是以祭祀龍神和愛國人物（屈原）為文化內涵的風俗；另一類是以避邪驅惡為文化內涵的風俗，如掛艾、菖蒲，喝雄黃酒，掛鍾馗像等。但這兩類風俗都有一個目的，就是對惡月惡日的避邪驅惡，逢凶化吉，借用祥物以祈求免災除厄、求吉納祥的心理和信仰。

中國的節日是孩子的節日，很多節日都與孩子有關。端午節也不例外。

端午節就流傳很多為孩子求吉納福、避災驅邪的風俗，如端午節時用雄黃酒在小孩子頭上畫個「王」字，或用雄黃酒塗小孩手心、足心，用以祛毒。因雄黃酒有殺蟲消毒作用，可驅邪避瘟。或為小孩戴繡有蜘蛛、蛇、蠍子、蜈蚣、蟾蜍五毒的紅兜肚，可避五毒之侵害，保孩子健康平安；或在小孩子脖頸、手腕上纏五色絲線，或用五色絲線繡香包，內裝艾葉、香料掛於孩子胸前，為孩子驅惡免疫，祈望孩子長命百歲；等等。端午節的這些民俗，除了驅邪避疫、祝吉納福外，現在又多了一些審美、裝飾娛樂等文化內涵。

竹葉青青白糯香
——粽子與節日吉祥文化

五月端陽節，家家粽子香。粽子是我國端陽節所特有的一種節令食品。粽子以糯米為原料，用蘆葉、竹筍葉包裹，煮熟後色、香、味俱佳，具有清熱降火之功能，是人們喜食的一種節令食品。每值端午佳節，不論大江南北，還是海外僑胞，人們或自家包粽子，或到街市上買粽子。端午節時或自家一起吃粽子，或饋贈親友粽子。

粽子，古又稱「筒　」、「角黍」等。西晉周處《風土記》載：「端午進筒　，一名角黍，以菰葉裹。」唐段成式《酉陽雜俎》云：「庚家粽子，白瑩如玉。」北宋詩人陸游《過鄰家》詩云：「端午數日間，更約同解　。」詩中的「糉」即「粽」。陸游還有《初夏》詩曰：「白白餐筒美，青青米果新。」「餐筒」也是粽子的另一古稱。「餐」古又作「糍」，用糯米裝入竹筒中稱「餐

筒」，這是比較原始的一種粽子。

　　粽子作為端午節特色吉祥食品，開始主要是作祭祀用的，最流行的說法是祭祀我國愛國主義詩人屈原的，據考證，粽子作為祭祀品，最初並非是祭祀屈原的，而是用來祭祀社稷（即土神和谷神，後作國家的代稱）、先祖神靈的。我們從粽子古稱「角黍」可溯其源。角黍，即角形的粽子。黍原為我國北方的一種農作物，五月成熟，用菰葉包上黍米，成為類似祭壇上牛頭的形狀，作為祭品。粽子作為祭品，有祭祀的意義，且形狀美，所以稱為「角黍」、「角粽」。周代先民祭祀時即喜用帶角的動物來作祭品，以祈求年豐。《詩·周頌·良耜》：「殺時犉牡，有捄其角，以似以續，續之古人。」如果譯成現代白話為：殺了那頭大公牛，彎彎雙角美無比。用以祭祀社稷神，前人傳統後人繼。詩中正反映出周代人們以帶角的牛來祭祀社稷的習俗。

　　古人為什麼喜歡用帶角的動物頭來作祭品呢？古人認為，動物角是人、神溝通的靈物，所以上古祭祀神靈所供奉之物，均以角為貴，來表示祝福。古時早期的粽子包成角形稱「角黍」，正是對動物角的模仿，以賦予粽子祭祀的意義。

　　到了戰國時期，因屈原在人們心中的崇高地位，所以又成了祭祀屈原的物品。後來人們附會又編制出一些相關的傳說。南朝梁吳均在《續齊諧記》中云：「屈原五月五日投汨羅江而死，楚人哀之，每至此日，以竹筒貯米，投水祭之。漢建武中，長沙區曲白日忽見一人，自稱三閭大夫，謂曲曰：『君當見祭，甚善。但常所遺，苦為蛟龍所竊。今若有惠，當以楝樹葉塞其上，以五彩絲縛之。此二物蛟龍所憚也。』曲依其言。世人作粽並帶五色絲及楝葉，皆汨羅之遺風也。」人們用粽子來紀念屈原，實際是用傳統的方式表達

對心中英雄人物的敬仰和祭奠。可見，粽子迄今至少有兩千多年歷史了。

　　古時的「角黍」為何後來又改稱「粽子」了呢？明李時珍在《本草綱目・谷部四》作了解釋：「古人以菰蘆葉裹黍米煮成，尖角如棕櫚葉心之形，故曰粽。」「粽」來自「棕櫚」的「棕」，換木字旁為米字旁，即成「粽」。

　　粽子作為吉祥食品，相傳，明、清兩代凡參加科舉考試的秀才，在赴考場前，要吃家中特意給他們包制的細長細長的像毛筆樣的粽子，稱「筆粽」。取其諧音「必中」，為討吉言口彩。另一說法，這種筆粽吃到肚裏，胸中會有神來之筆，考場答卷，可妙筆生花。可見古人聯想力之強。

　　竹葉青青白糯香，添上紅心雞蛋黃。這是古代女子特別為情人所包制的一種蛋黃粽，吃起來別有風味，象徵粽香青白，紅心不改。

　　兩千多年來，粽子在我國大江南北，按各地習慣、物產不同，形成各種特色的粽子，品種繁多，按形狀分有菱形、錐形、筆形、筒形等，樣式各異；按口味分有火腿、雞丁、椰蓉、紅棗、果脯、豆沙等，風味獨特。粽子包裹時多用荷葉、菰葉、竹筍葉、蘆葉等，用這些植物葉所包的粽子煮熟後，清香四溢，芬芳宜人，吃起來香糯甜美，清火去熱，不生邪氣。所以，粽子成為歷代人們喜食的一種傳統節日吉祥食品。

龍舟競渡祭屈原

——龍舟與節日吉祥文化

　　龍舟，即刻畫成龍形的船，是吉祥物龍的象徵。端午節的一項重要民俗

活動便是「龍舟競渡」，即賽龍舟。清李斗在《揚州畫舫錄》中對龍舟描繪得
較為詳細：船長十餘丈，前為龍首，中為龍腹，後為龍尾，各占一色……送
聖後奉太子於畫舫中禮拜，祈禱收災降福，舉國若狂。

　　古時，賽龍舟非常熱鬧，特別是江南水鄉，每到端午，水岸彩旗飄揚，
鼓聲雷震，呼聲若狂，水中舟行若飛，觀者無不狂呼。唐代詩人劉禹錫曾以
《競渡曲》記下當時沅江賽龍舟的盛況：

> 沅江五月平堤流，邑人相將浮彩舟。
> 靈均何年歌已矣，哀謠振楫從此起。
> 揚枹擊節雷闐闐，亂流齊進聲轟然。
> 　蛟龍得雨鬐鬣動，飲河形影聯。
> 刺史臨流褰翠幃，揭竿命爵分雄雌。
> 先鳴餘勇爭鼓舞，未至銜枚顏色沮。
> 百勝本自有前期，一飛由來無定所。
> 風俗如狂重此時，縱觀雲委江之湄。
> 彩旂夾岸照蛟室，羅襪凌波呈水嬉。
> 曲終人散空愁暮，招屈亭前水東注。

　　在屈原當年投江的汨羅江畔，人們為紀念屈原，每年也都要舉行隆重的
龍舟競渡活動。

　　端午那天，人們穿著新裝，扶老攜幼，到汨羅江邊觀看賽龍舟。競賽開
始，一聲炮響，龍舟飛馳，船似箭出，白浪翻飛，彩旗飄舞，金鼓雷動，鞭

炮齊鳴，兩岸歡呼，熱鬧非凡。

據考證，端午龍舟競渡源於南方越民族的龍圖騰祭祀，他們為了求得龍圖騰的護祐，要舉行一些表示自己為龍子的活動，除了以龍來文身外，還在農曆五月初五舉行盛大的龍圖騰祭祀活動。他們在這一天將各種食物裝入竹筒中，或用樹葉裹住，扔進水裏讓神龍吃。他們還把乘的船刻畫成龍形，與岸上的鼓聲相和，在水面上進行各種競賽划船的活動和遊戲，這便是最初的端午節及其習俗的由來。這些越人先民以龍舟競渡來擬龍悅神，目的是求得神龍的護祐，以祈風調雨順、五穀豐登，帶有歡樂、祥和、喜慶的色彩，反映了先民們原始農耕社會的基本生活生產追求和信仰，所以龍舟成為求吉避邪的吉祥物。

隨著歷史的演進，龍舟又被賦予新的文化內涵，與祭祀歷史人物密切聯繫起來。

中華民族是一個崇尚英雄人物的民族，很多節日都與歷史人物有關係。因為龍舟競渡祭祀活動具有廣泛群眾性，參加人數多，場面宏大，並與一些群體娛樂性質活動融合在一起，他們便把歷史上農曆五月初五死亡的，受到人們愛戴、崇敬的人物與祭祀活動結合在一起，為紀念他們舉行一些祭祀活動。

龍舟競渡首先與紀念春秋時吳國大夫伍子胥聯繫起來。伍子胥曾助吳伐楚，攻入楚都郢城，又大敗越國。後為勸吳王拒絕與越王句踐求和，因讒言賜死，屍體被裝入皮袋投錢塘江中，但隨波逐流而不沉，時人驚異，被奉為「濤神」，於每年農曆五月初五駕舟逐潮以祭。《曹娥碑》記：「五月五日，以迎伍君（即伍子胥）。」後遂演變成風俗。

　　龍舟競渡與越王句踐操練水兵也有關係。越王句踐被吳王放回後，為報雪恥，暗建水師，於農曆五月初五借競渡之名操練水兵，終於在公元前 476 年滅掉吳國。《事物原始·端陽》記：「競渡之事起於越王句踐，今龍舟是也。」《歲時廣記》卷二一曰：「《越地傳》云：競渡起於越王句踐，蓋斷髮文身之俗，習水而為戰者也。」

　　龍舟競渡又與紀念東漢時孝女曹娥有聯繫。曹娥的父親在劃龍舟迎潮神時被淹死，曹娥哭了七天七夜，跳入江中。據《後漢書·列女傳》、《會稽典錄》等載：女子曹娥，會稽上虞人，父能絃歌為巫。漢安帝二年五月五日於縣江祈禱迎波神時溺死，不得屍骸。娥年十四，乃緣江號哭，晝夜不絕聲七日，遂投江而死。傳說，她投江數日後抱父屍而浮出江面。因其孝感天地，人們在江邊建曹娥廟，改江名為曹娥江，並於農月五月初五以龍舟競渡形式來紀念她。

　　龍舟競渡起源相傳最多的還是與為紀念戰國時期楚國偉大愛國主義詩人屈原有關。南朝梁吳均《續齊諧記》載：楚大夫屈原遭讒不用，是日（五月初五）投汨羅江死，楚人哀之，乃以舟楫拯救。端陽競渡，乃遺俗也。南朝梁宗懍《荊楚歲時記》亦曰：五月五日競渡，俗謂屈原投汨羅日，人傷其死，故並命舟楫以拯之。舸舟取其輕利，謂之飛鳧。一自以為水軍，一自以為水馬。州將及士人悉臨水觀之。

　　此外，還有紀念介子推之說、紀念蒼梧太守陳臨之說等十幾種說法。相比較而言，龍舟競渡與紀念屈原結合得最貼切、最巧妙、最可信。

　　中華民族是一個崇尚英雄的民族，也是最具愛國主義精神的民族。因屈原堅守高潔的人格魅力，悲憤、宏大的不朽詩篇和其偉大的愛國主義精神，

最受世人的崇拜和敬仰，所以端午節賽龍舟與祭祀屈原之說得到各地人們的認同。同時，屈原的故事使端午賽龍舟的習俗更具真實性、豐富性。

龍舟，這種由原始龍圖騰崇拜而產生的吉祥物，被賦予了新的深遠的積極意義。所以，龍舟競渡也作為一種民間文化體育競技活動被傳承下來，並傳入日本、朝鮮、韓國、越南等國家。近年來，歐美各國及澳大利亞也都舉行賽龍舟活動。賽龍舟已成為一項世界性的體育比賽專案。香港從 1976 年開始，還每年舉行一次國際龍舟邀請賽。屆時，世界各地的賽龍舟運動員都要聚集在香港進行龍舟競賽，熱鬧非常，舉世難見。

菖蒲艾草避惡瘴
——菖蒲、艾草與節日吉祥文化

在古代，五月俗稱「惡月」、「毒月」，五日又稱「惡日」、「毒日」。五月初五為惡月惡日，這是人們最忌諱的。所以，端午節最主要的活動和內容便是驅邪避惡。因此，圍繞驅邪避惡的吉祥物和風俗也應運而生。

在端午節眾多的吉祥物中，菖蒲和艾草是最主要的兩種。

菖蒲為一種多年生草本植物，葉形狀似劍，又名水劍草，生長於水邊。《本草綱目》云：「（菖蒲）氣溫味辛，功能解毒殺蟲」，「乃蒲類之昌盛者」，故名。菖蒲的根莖可提煉芳香油，有提神、通竅、殺菌、活血、理氣、散風、去濕等功用，對治療肺病、胃病、風寒等均有特效，因此，菖蒲被視為避邪驅惡之吉祥物。每逢端午節，人們都要將菖蒲懸掛或插於門旁，用以殺

菌防病,驅除惡氣。清富察敦崇《燕京歲時記》曰:「端午日,用菖蒲插於門旁,以禳不祥。」清顧祿《清嘉錄》記曰:「截蒲為劍,割蓬作鞭,副以桃梗蒜頭,懸於床戶,皆以卻鬼。」還有的制作成蒲人、蒲龍、蒲葫蘆等。宋陳元靚《歲時廣記》云:「端午刻蒲劍為小人子,或葫蘆形,戴之避邪。」清董元愷有詠菖蒲葫蘆的《清平樂》詞:「花陰午直,旋把菖蒲刻。依樣雕鏤纖指劈,細認靈根九節……」據《荊楚歲時記》云:「端午,以菖蒲生山澗中一寸九節者,或鏤或屑,泛酒以避瘟氣。」可見菖蒲是生於山澗泉旁的一種名貴藥材,特別是根莖九節者更貴重。相傳,用菖蒲靈根九節浸酒可延年益壽。宋代詩人蘇軾《夫人閣五首》詩云:「共獻菖蒲酒,君王壽萬春。」他還有一首《皇太后閣六首》詩亦云:「萬壽菖蒲酒,千金琥珀杯。」可見,宋代宮廷中也把菖蒲酒作為驅邪避惡、延年益壽之吉物。

宋代著名詩人梅堯臣端午節更喜歡飲菖蒲酒,如無菖蒲酒寧肯不飲。他在《端午日》詩中云:「有酒不病飲,況無菖蒲根。」當他在端午晚上得到菖蒲酒時,喜不自禁地在《端午晚得菖蒲》詩中吟道:

> 薄暮得菖蒲,猶勝竟日無。
> 我焉能免俗,三揖向尊壺。

詩人端午晚得到菖蒲酒後喜情難抑,甚至向酒壺作了三個揖。可見當時人們對菖蒲酒之喜愛和重視。

古人為什麼對菖蒲這麼重視呢?相傳,古人把菖蒲視為天降吉星之所化。《典術》云:「堯進,天降精於庭為韭,感百陰之氣為菖蒲,故曰堯韭。」

《春秋運斗樞》云：「玉衡星散為菖蒲。」菖蒲為天星所生成，所以具有神異之功，故古人認為菖蒲可延年益壽。《風俗通》云：「菖蒲放花，人得食之，長年。」菖蒲開花是吉祥之兆，能給人帶來吉祥和喜事。據《後魏典略》載：魏孝文帝南巡時，在新野的潭水邊兩次見到菖蒲花，於是歌唱道：「兩菖蒲，新野樂。」遂建了一座兩菖蒲寺來紀念此事。

另傳，菖蒲開花還是貴人降臨之兆。有《梁書》記曰：太祖皇后張氏，有一天忽見庭前的菖蒲開花，「光彩照灼，非世所有」。她驚異地問身邊的人見到沒有，並說：「聽說菖蒲開花當有貴人出世。」她取菖蒲花吞之，後來生下高祖。在古人眼裏，菖蒲確是吉祥之物，菖蒲開花更是喜慶祥瑞之事。

艾，是一種菊科多年生草本植物，古時又稱冰臺、黃草等。晉張華《博物志》云：「（艾）一名冰臺，一名黃草，一名艾蒿，處處有之。」據《本草綱目》所描述：「此草多年生山原，二月宿根生苗成叢，其莖直生，白色，高四五尺，其葉四布，狀如蒿。」這種如蒿草的普通植物，在端午節時同樣被賦有豐厚的文化內涵。

我國古時在端午節或採艾插於門楣上，或做艾人、艾虎戴於髮際，以驅惡禳毒。南朝梁宗懍《荊楚歲時記》載：「採艾以為人（形），懸門戶上，以禳毒氣。」所以，古代詩人對這種風俗也作詩多有記之。宋王之道《南歌子・端午二首》詞云：「角簟橫龜枕，蘭房掛艾人。」宋代著名詩人蘇軾有《太皇太后閣五首》詩云：「香黍筒為　，靈苗艾作人。」他還有《皇帝閣四首》詩云：

喜辰共喜沐蘭湯，毒沴何須採艾禳。

但得臯夔調鼎鼐，自然災祲變休祥。

　　蘇軾真實地記敘了宋代人們沐蘭湯、採艾禳災的求吉納祥活動。

　　宋人還有用艾葉、枝制艾虎的習俗。宋陳元靚《歲時廣記》載：「端午以艾為虎形，至有如黑豆大者。或剪綵為小虎，黏艾葉以戴之。王沂公《端午帖子》詩：『釵頭艾虎避群邪，曉駕祥雲七寶車。』」不管插艾，還是做艾人、艾虎，其意都是在驅邪逐疫。

　　古人端午採艾，掛艾，制艾人、艾虎的驅毒避瘟之說，絕非出於盲目崇信。因為，端午節時，正值初夏，多雨潮濕，毒蟲滋生，人最容易生病，懸掛艾和菖蒲於門前，確實可以避毒蟲、消病毒、除惡氣。

　　艾是中國的傳統的草藥之一，確實有一定的藥用價值。《本草綱目》云：「艾葉氣芳香，能通九竅，灸疾病。」「艾葉生則微苦太辛，熟則微辛太苦，生溫熟熱，純陽也。可以取太陽真火，可以回垂絕元陽。服之則走三陰，而逐一切寒濕，轉肅殺之氣為融和，灸之則透諸經，而治百種病邪，起沉疴之人為康泰，其功亦大矣。」艾不僅可以服用，還可用於針灸熱炙，又稱「炙草」。關於以艾治病的神奇傳聞頗多。宋陸游《老學庵筆記》中就記有：祖母楚國夫人病累月，醫藥莫效。一日，有老道人，狀貌甚古，探囊中出少艾，取以甑灸之。祖母方臥，忽覺腹痛，甚如火灼。道人徑去，疾馳不可及，祖母病遂愈。另據宋人曾敏行的《獨醒雜志》載：樞密孫公抃，生數日患臍風已不救，家人乃盛以盤，合將棄諸江，道遇老嫗曰：「兒可活。」即與俱歸，以艾灸臍下，遂活。可見用艾治病的神奇療效。據現代中醫藥科學研究認為，艾性溫，味苦，其葉內服有和營血、暖子宮、祛寒溫的功能。艾葉還可制作艾葉油，有平

喘、鎮咳、祛疾及消炎的作用。以艾莖和艾葉制成中藥消毒，除驅蟲殺菌之外，點燃後還散發出宜人的清香，對人體健康有好處。此外，艾葉還可入食，清明時節，用嫩艾葉和糯米做青團和艾餅，清香助消化。

遼金時代，北方還用艾葉制作一種應節食品艾糕。皇帝在端午節時賜艾糕給大臣。據《遼史·禮志·嘉儀》載：「五月重五日……君臣宴樂，渤海膳夫進艾糕。」現在，很多地方農村仍把艾餅、艾糕作傳統應節食品。

古時還有用艾浸酒制成藥酒，俗信可避邪祛病。宋陳元靚《歲時廣記·艾葉酒》云：「洛陽人家端午作術羹艾酒。」端午節時，大人們還常喜用五彩線繡香包，內裝艾葉，插於孩子胸前，以驅邪避瘟、滅菌、除疫，寄託大人對孩子們吉祥平安、健康成長的美好願望。

端午節又稱「天中節」。後來人們在菖蒲、艾草之外，又加以蒜頭、榴花、龍船花，統稱為「天中五瑞」。因為這些植物都有消毒殺菌、驅蟲除瘴、清潔空氣的作用，古人認為都是祥瑞之物，用以避邪驅惡。

相傳，端午節插艾和菖蒲可避兵災瘟疫的風俗與黃巢起義也有關。唐朝末年，黃巢領導的農民起義軍所向披靡，官軍聞風喪膽。有一次，黃巢的農民起義軍打到河南南陽鄧州城下，見很多老百姓扶老攜幼、驚慌失措地在奔逃。其中一個婦女懷中抱著一個五六歲的大男孩，手中牽著一個三四歲的小男孩也隨逃難人群奔逃，黃巢感到很奇怪，便走過去問那位婦女：「大嫂，你們為什麼這麼驚慌地奔逃？」

那位婦女回答說：「縣衙傳令說黃巢馬上要血洗鄧州城，讓百姓趕快逃命。」

黃巢又問：「你為什麼抱著大男孩而手牽著小男孩呢？」

　　那婦女忙說：「大男孩是鄰家的孩子，他父母參加義軍被官府殺了，只剩下這棵獨苗。小男孩是我親生的，如果黃巢殺來了，我寧肯丟掉自己的孩子，也要保住鄰家這棵獨苗。」

　　黃巢被這位婦女舍己為人的大義精神所感動，拔劍一揮，砍掉路邊的兩棵艾草和水邊的兩株菖蒲交給那位婦女說：「大嫂，我黃巢和起義軍是專門與官府作對的，決不會傷害老百姓，你不用逃命，趕快回城，讓老百姓家門頭上都插上艾草或菖蒲做記號，保管不會受傷害。但你要只傳百姓，莫傳官府。」

　　那位元婦女回城後很快把消息傳開，當晚窮人家門頭上都插上了艾草或菖蒲。

　　第二天，正好是五月初五端午節，黃巢的義軍攻下鄧州，殺了縣官和污吏，開倉分糧，義軍和百姓一起歡度端午節。從此後，端午節可避兵災和除瘟疫的風俗傳了下來，直到今天。

喜辰共喜沐蘭湯
——蘭與節日吉祥文化

　　蘭，是一種多年生的香草。中國很早就有在端午節沐蘭湯的習俗。戰國時期大詩人屈原的《楚辭》中即有「浴蘭湯兮沐芳華」的詩句。《大戴禮·夏小正》云：「五月五日蓄蘭為沐浴。」南朝梁宗懍《荊楚歲時記》曰：「五月五日，謂之浴蘭節。」端午節，因沐浴蘭湯又稱為「浴蘭節」。唐韓鄂《歲華

紀麗》云：「端午，角黍之秋，浴蘭之月。」注曰：「午日以蘭湯沐浴。」宋
吳自牧《夢粱錄》亦曰：「五日重午節，又曰『沐蘭令節』。」可見古人對端
午節時沐蘭湯的重視。

到了宋代，端午節沐蘭湯更為盛行。宋代以後詩詞多有詠及。宋代詩人
蘇軾《皇帝閣四首》詩云：「喜辰共喜沐蘭湯，毒沴何須採艾禳。」宋晏殊的
《內廷四首》詩云：「由來佳節載南荊，一浴蘭湯萬慮清。」宋趙長卿《醉蓬
萊・端午》詞云：「見浴蘭才罷，拂掠新妝，巧梳雲髻。初試生衣，恰三裁貼
體。艾虎宜男，朱符闢惡，好儲祥納吉。」元馬祖常《石田集・端午效六朝
體》曲曰：「馥馥蘭湯浴，灩灩蒲酒持。」清董元愷《清平樂·詠菖蒲葫蘆》
詞云：「共喜蘭湯浴罷，攜來倍覺芬芳。」這些詩詞均描繪出端午時沐蘭湯浴
的好處、快感和風俗。

蘭湯即是用蘭熬制成的湯水，端午節時用蘭湯洗浴相傳具有消毒避邪、
除病驅瘟的作用。從衛生健康的角度講，這也確有一定的科學道理。所以，
人們把蘭作為吉祥物。

蘭還是我國傳統名貴花卉之一，已有兩千多年的栽培歷史。蘭作為吉祥
物，深受人們的喜愛，更主要的是，蘭高潔、慎獨的品質，使它有了更深厚
的文化內涵。愛國主義詩人屈原在《楚辭》中多以蘭來喻君子之德。大聖人
孔子曾讚美蘭曰：「芝蘭生於空谷，不以無人而不芳。」人們還把它與梅、
菊、竹合稱為「四君子」，把它看作高潔、典雅的象徵。

古今都有人愛蘭成癖，有專畫蘭的名家傳世。宋末畫家鄭思肖善畫墨
蘭，但他有個怪脾氣，從不把自己的畫隨便給人，可是很多人都想得到他畫
的墨蘭。有一次，一個地方官員想得到他的墨蘭，便用強徵田賦徭役的辦法

來逼迫他。鄭思肖卻憤怒地說：「頭可斷，蘭畫不可給。」表現了畫家與蘭一樣的剛毅品格。

鄭板橋也是愛蘭者，有多首讚美蘭、竹的詩詞。他在《蘭竹圖》中就曾寫道：「石畔青青竹數竿，傍添瑞草是幽蘭。」

我國老一輩無產階級革命家也都十分喜歡蘭，陳毅有《詠蘭》詩云：

> 幽蘭生山谷，本自無人識。
> 只因馨香重，求者遍山隅。

朱德更酷愛蘭，即便在二萬五千里長征的艱苦歲月裏，他也不忘種植蘭花。他還把自己從井岡山採集培育而成的「井岡蘭」贈給上海龍華花圃；把自己培育的「武夷蘭」贈給武漢東湖花園；1963 年，贈給蘇州拙政園名貴蘭花 10 盆和 1 冊日本人寫的《蘭華譜》。他還為杭州蘭花圃書寫有「同賞清芬」橫匾一幅。朱德還詠蘭抒情言志。1962 年，他作有一首《詠蘭》詩：

> 幽蘭葉秀喬木下，仍自盤根眾草傍。
> 縱使無人見欣賞，依然得地自含芳。

董必武也愛蘭，贊蘭有「四清」：色清、氣清、神清、韻清。

人們愛蘭、贊蘭，所以也常用蘭來比喻美好的事物。如把知心朋友稱「蘭交」；把情投意合的言論稱「蘭言」；把情意相投稱「蘭味」；把婦女高雅幽靜的品性美稱為「蘭心蕙性」；把高風美德雅稱為「蘭芝」；把美好的時光

稱「蘭時」；把他人書信美稱「蘭訊」；把高雅居室稱「蘭室」；把婦女所居之室雅稱「蘭房」；把讚美他人詩文的華美文辭美稱「蘭章」；把憂美的文辭雅稱「蘭藻」；等等。此外還有「蘭夢」、「蘭兆」等。據《左傳》載：鄭文公有個叫小燕姑的小妾，夢見天使送給她一枝蘭，後來生下穆公，取名為蘭，這就是「蘭夢」的由來。後由此衍生出懷孕生子為「蘭兆」。這些都是人們期盼的美夢吉兆。

因蘭有高雅憂質的品性，人們也多希望子孫具有如蘭之質的稟賦。故後人把蘭與桂轉指子孫。故常有「子孫發達，謂之蘭桂騰芳」，指子孫有蘭桂之稟賦，家庭榮華富貴、興旺發達。

蘭作為吉祥物受人喜愛，貴在其香。因蘭之香「幽香清遠，馥鬱襲衣，彌旬不歇」（《群芳譜》），故蘭有「王者香」、「香祖」之稱。據《孔子家語》載：孔子從衛國返魯國途中，見幽谷之中蘭香獨茂，喟然歎曰：「蘭當為王者。」所以，後人稱蘭為「王者香」。《群芳譜》還云：「以蘭為香祖，又雲蘭無偶，稱為『第一香』。」

因蘭之香氣馥鬱，故有逐蠹蟲、避不祥之說。先秦時期，鄭國人即有秉蘭避邪之俗。屈原《離騷》也言蘭綠葉、紫莖、素枝，可紉、可佩、可膏、可浴。《西京雜記》記有漢時池苑種蘭以降神，或雜粉藏衣裳、書籍中驅避蠹蟲；唐時江南人家多種蘭，夏月採置發中，頭不生屑。

因蘭香、姿、德、品俱佳，所以，傳統吉祥圖案中也常繪蘭花，把蘭花和桂花繪於一起的紋圖為「蘭桂齊芳」，喻子孫發達、家業興旺。此外，還有繪蘭的「五瑞圖」、「君子之交」等，也是以蘭入圖喻義。以蘭為題材的吉祥圖案在民間運用極廣，說明蘭是人們深愛的吉祥之物。

（六）中秋節民俗文化與吉祥物

農曆八月十五之夜，秋高氣爽，丹桂飄香；夜空如鏡，皓月當空；萬裏澄碧，江天一色；中秋佳節，闔家團聚；賞月拜月，共食月餅；天上人間，花好月圓，真乃人生一大樂事，怎不令人遐想⋯⋯

農曆八月十五是我國傳統節日——中秋節。為什麼稱為中秋節呢？我國古代把秋季的三個月分別稱為孟、仲、季，農曆八月十五居秋季的中間一個月，十五又是這個月的中間一天，所以八月十五被稱為「中秋節」。

關於中秋節的來歷，民間流傳有很多美麗動人的故事。其中流傳最廣的是「嫦娥奔月」的故事。《淮南子·覽冥訓》載：帝羿向西王母求得不死藥，其妻姮娥竊食之後，成仙奔月，化為蟾蜍。「姮」本作「恒」，因避淮南王劉恒之諱，故寫「姮娥」。恒為常之意，所以，後世又寫作常娥、嫦娥。這個故事廣泛流傳於民間，有的又被添枝加葉，有了很多版本。

這些故事真是太冤枉嫦娥了。其實嫦娥是位很美麗、善良、賢慧的女子。相傳遠古時候，天上有十個太陽，把地上曬得直冒煙，很多植物都被曬死了，老百姓無法生活，叫苦連天。這時，有個叫后羿的男子，力大無比，善射箭，他很同情百姓，一口氣射下九個太陽，最後一個太陽認罪後才免去一死。從此，后羿的名字傳遍天下。他的妻子叫嫦娥，非常美麗、善良，常把丈夫射得的獵物分給鄉親，鄉親們也都誇嫦娥善良、賢慧。

因為后羿射太陽有功，有一天，一個白鬍子老道士給了后羿幾粒藥丸，說吃了後可以長生不老，成仙昇天。后羿不想自己成仙，更捨不得妻子和鄉

鄰，就把藥丸交給嫦娥保存。

后羿善射，技藝高超，有很多人跟他學射箭，其中有個跟他學藝的徒弟叫逢蒙，是個姦佞小人，想偷吃不死之藥成仙。有一年八月十五，后羿帶著眾徒弟去射獵，逢蒙藉口不去，到傍晚偷偷溜進嫦娥的臥室，威逼嫦娥交出不死藥丸。嫦娥不得已，把藥丸都吞下去了。不一會兒，嫦娥身體輕飄飄的，離開了地面升到天上。等后羿帶徒弟打獵歸來，為時已晚，嫦娥已升到月宮。

后羿看到又明又亮的圓月，思念妻子，就在屋前月下擺上供桌，放上嫦娥愛吃的果實和月餅，遙祭善良的妻子嫦娥。鄉鄰們也都思念善良的嫦娥，見后羿這樣做，也都仿著做。從此以後，年年如此，代代相傳。因八月十五正值中秋，人們就把這一天定為中秋節。

傳說終歸是傳說，其實，中秋節最早起源於古代先民們對自然的崇拜，據傳已有兩千多年的歷史。中國是一個古老的農業國，季節與農業有很大關係，所以，古時候春天播種前要進行「春祈」活動。到了秋季八月，正是收穫季節，五穀豐登，要拜謝土地神的保祐，這就是「秋祀」或「秋社」。秋祀喜慶豐收，不僅要感恩土地神，而且要感恩月神。因為古人認為任何農作物不僅離不開太陽，也同樣離不開月亮，離開了月亮五穀豐收也是不可能的。《禮記》中早有記載：天子春朝日，秋夕月；朝日以朝，夕月以夕。意思是說，天子在春天祭日，在秋天祭月；祭日在早晨，祭月在夜晚。可見，早在先秦時期，就有帝王春天祭日、秋天祭月的禮制。而與春種秋收、五穀密切相關的百姓對春祈、秋祀更為重視。

民間秋祀的重要活動主要是祭月、拜月，一方面表達對月神的感恩，另

一方面祈望月神在未來給予更多的庇祐和福祉。所以，每逢中秋節不同的地方都會舉行不同的祭月、拜月、賞月、鬧月、跳月等各類形式的既歡快而又有豐富文化內涵的活動，藉以感謝大自然，感謝大地，感謝月神。同時，也表達了對勞動的尊崇。這種秋祀活動歷代相沿，便形成了一種傳統習俗。但是六朝以前，農曆八月十五還沒有作為固定節日，唐代才將八月十五正式定為「中秋節」。據傳這與唐玄宗李隆基夜遊月宮和建「賞月臺」有關。

據《唐逸史》載，天寶初年八月十五夜，道士羅公遠侍奉唐明皇李隆基在御花園賞月，唐明皇隨意說：「月宮那麼好，能上月宮遊玩一次多好呀！」

羅公遠說：「萬歲想游月宮何難？」

說罷，他把手中拐杖向空中擲去，只見眼前頓時出現一座通向月宮的銀色天橋。羅公遠陪唐明皇走了一陣，見前面一座宮城光芒四射，只覺寒氣襲人。宮城門前一棵桂花樹，樹下一隻白兔在杵藥。羅公遠指著城門的橫匾上「廣寒清虛之府」幾個大字說：「這就是萬歲想遊的月宮。」

他倆進了月宮，只見富麗堂皇的大廳里數百位仙女都穿著透明的輕紗羽衣在翩翩起舞，悠揚的天籟樂曲在迴蕩。唐明皇如癡如醉，連問羅公遠：「此為何曲也？」

羅公遠回答說：「此曲乃《霓裳羽衣曲》。」

唐明皇平素很喜歡音樂舞曲，便暗暗記下此曲。

唐明皇聽完舞曲，回到人間，才知是一場夢。唐明皇便把夢中所記下的舞曲令人整理後演奏，並讓宮中舞女仿夢中的月宮仙女伴舞。唐明皇沉迷其中。有一次，楊貴妃在醉意中表演這一舞蹈，快速旋轉，唐明皇看後讚歎道：「看了貴妃的『霓裳羽衣舞』，方知回雪流風可以迴天轉地了。」這就是

白居易在《長恨歌》中所描繪的：「飄然轉旋回雪輕，嬝然縱送游龍驚」之
意。

　　唐王仁裕《開元天寶遺事》還記有，在八月十五夜，唐玄宗與楊貴妃臨
太液池賞月，兩情繾綣，不知不覺月已西沉。玄宗甚為悵然，於是下令在太
液池西岸築一座達百丈的高臺，以供他與貴妃來年賞月之用，並名此臺為
「賞月臺」。可惜，此臺剛修成不久，便在安史之亂中被毀，今僅存一臺基遺
址。唐代時，唐玄宗還將八月十五正式定為「中秋節」。

　　宋代中秋祭月、拜月、賞月比之唐代更盛。宋周密《癸辛雜識》記載：
宋高宗時，德壽宮中還特建有一座「賞月橋」。在中秋節演奏的教坊樂工中僅
吹笛者就有二百人，可見樂隊之龐大。雖然歌樂衝霄，宋高宗和孝宗仍不滿
足，又召小劉妃吹白玉笙，演奏《霓裳羽衣曲中序》。宮中琴瑟鳴奏，至曉不
絕。

　　每逢中秋，京城的酒樓也都要重新裝飾一新，張燈結綵，出售最好的美
酒佳釀。街市上果鋪堆滿新鮮佳果。即使百姓之家，也安排家宴，闔家團
圓，以度佳節。是夜，少女們在庭院焚香拜月，祈願婚姻如意美滿。因月屬
陰，民間有「男不拜月，女不祭灶」之說，一般只有女子拜月，男人是不拜
月的。

　　明、清時期，宮廷裏祭月、拜月更隆重，據說北京的月壇，就是明朝嘉
靖九年（1530 年）修建的，是專供皇家祭月之處。北京頤和園，是清朝慈禧
太后祭拜月神的地方。

　　民間祭月還傳有「八月十五天門開」之說。講的是一個美麗的傳說故
事。

　　很早以前，有個孤兒給地主家當長工，辛辛苦苦幹了二十年，仍孤身一人。有一次，他不幸患病，不能幹活兒了，就在八月十五那天夜裏被地主趕出門。他無家可歸，只好在山邊一棵桂花樹下躺著。他眼望明月，甚感孤獨。他正在悲傷時，從月宮中降下一位美貌的仙女，走到他面前，用袖子一揮，三間茅屋立即出現在他眼前，房內鍋碗瓢勺、犁耙鋤　一應俱全。後來，這個孤兒用這些工具開荒種地，春種秋收，從此過上了幸福生活。這件事後來漸漸傳開，人們每逢八月十五也在室外擺上供品祭月、拜月，祈望「天門重開」，得到月宮娘娘的恩賜，過上幸福生活。

　　好景催詩情。中秋佳節，皓月當空，金風送爽，此時，詩人最易神思飛揚，佳句噴湧，或登樓望月，把酒抒懷：「一夜高樓萬景奇，碧天無際水無涯。」（唐彥謙《中秋夜玩月》）或邀朋呼友，傾吐心曲：「人道秋中明月好，欲邀同賞意如何？」（白居易《華陽觀中八月十五日夜招友玩月》）或千里望鄉，孤寂黯然：「是時兄弟正南北，黃葉滿階來去風。」（薛能《中秋旅舍》）

　　自古以來，中秋佳節被人們看作是親人團聚、闔家歡樂的節日。中秋節人們便借助很多吉祥物來表達心願和祈求吉祥如意，如中秋節在祭月、拜月之後，合吃月餅。借月餅象徵闔家團圓、幸福美滿。

　　八月中秋，正是桂花盛開之時，清香濃鬱，桂影婆娑，除祭月、拜月、吃月餅外，還有賞桂、折桂的風俗。漢、晉以後，人們又把桂轉移到月宮中，且演繹出「吳剛伐桂」的神話傳說，讓桂又罩上了祥瑞仙靈之氣，並賦予桂很多文化內涵。此外，還有祭拜兔兒爺的習俗等。

　　中秋分外月華明，闔家團圓盡歡情。中秋之夜即使親人在千里之外，當一輪明月普照之時，人們仍可兩地遙望明月，彼此為對方默默祝福。正如蘇

東坡的《水調歌頭》詞云：

明月幾時有？把酒問青天。不知天上宮闕，今夕是何年？我欲乘風歸去，又
恐瓊樓玉宇，高處不勝寒。起舞弄清影，何似在人間！轉朱閣，低綺戶，照
無眠。不應有恨，何事長向別時圓？人有悲歡離合，月有陰晴圓缺，此事古
難全。但願人長久，千里共嬋娟。

中秋小餅如嚼月
——月餅與節日吉祥文化

中秋佳節，我國民間流行有家家吃月餅的習俗。月餅又稱月華、圓餅、
團圓餅等。

月餅，原本是祭月時的一種供品，後來漸成為中秋節的節令食品和互相
饋贈親友的禮品。明劉侗、於奕正《帝京景物略》云：「八月十五日祭月，其
祭果餅必圓。」《西湖遊覽志》曰：「八月十五謂之中秋，民間以月餅相饋，
取團圓之意。」

唐代我國中秋節即有吃月餅的習俗。在《洛中見聞》中就記有，唐僖宗
中秋節吃月餅，味極美。他還在曲江為新科進士開宴，命御膳房用紅綾包月
餅賜給新科進士。

到了宋代，已有金花、芙蓉、荷葉等各種花色的月餅。宋代大詩人蘇東
坡還讚美月餅：「小餅如嚼月，中有酥與飴。」酥為酥油，飴為飴糖。宋吳自

牧《夢粱錄》云：「市食點心，四時皆有，芙蓉餅、菊花餅、梅花餅、月餅⋯⋯就門供賣。」可見，宋代月餅已成為人們喜愛的酥香可口食品。但是，那時的月餅是一種蒸食的食品，與現代意義的月餅有區別。南宋周密《武林舊事》卷六就記有這種帶餡蒸制的月餅。

月餅作為中秋節的節令食品和饋贈禮品，大約形成於元末明初。民間傳說，元代末年，元朝統治者為了維護搖搖欲墜的腐朽統治，害怕老百姓起來造反，嚴禁民間私藏鐵器，規定十家合用一把菜刀。統治者無惡不作，老百姓怨聲載道，恨之入骨。為了推翻元朝的殘酷統治，江蘇高郵人張士誠暗中串聯，號召人民起來反抗。中秋節前，他利用饋贈月餅的機會，在每個月餅內夾一張「滅元」的紙條，約定起義時間和暗號。中秋節之夜，家家掰開月餅，見了紙條，紛紛拿出菜刀，揭竿而起，打起了反抗元朝統治者的大旗。這小小月餅，記錄了勞動人民反抗民族壓迫和統治的光輝歷程。從此以後，中秋節吃月餅的習俗大興，並一直沿襲下來。

到了明代，中秋節吃月餅的習俗更盛。明沈榜《宛署雜記・民風》載：「八月饋月餅。士庶家俱以是月造面餅相饋，大小不等，呼為月餅。市肆至以果為餡，巧名異狀，有一餅值數百錢者。」由此可見，明代月餅除自制外，市肆上也有出賣，且已有高檔價貴月餅。

清代以後，月餅的制作更加講究，無論質料、花色、品種都有新的發展和創新。從形制上來看，形狀各異，除圓形外，還有月牙形、方形、多邊形、橢圓形等；從餅面印製的圖案來看更富有詩意，有嫦娥奔月、銀河夜月、東坡騰皓、銀河映秋或福、祿、壽、喜等各種吉祥喜慶的紋圖；從月餅餡料來看，更豐富味美，又有了五仁、蛋黃、冰片、蓮蓉、鳳梨、火腿、棗

泥、豆沙等品種。由於月餅更加精緻悅目、味道鮮美，引發了不少文人墨客
的吟詠，清代詩人袁景瀾有《詠月餅》詩云：

> 形殊寒具制，名從食單核。
>
> 巧出餅師心，貌得嬋娟月。
>
> 入廚光奪霜，蒸釜氣流液。
>
> 揉搓細面塵，點綴胭脂跡。
>
> 戚裏相饋遺，節物無容忽。
>
> ……

　　文人的這些詩作，為月餅又注入了濃濃的詩情。

　　月餅，原是中秋良宵祭月之供品，舊時八月十五晚上，人們便在庭院裏
放上桌子，擺放圓形瓜果供品，如西瓜、香瓜、紅棗、鴨梨、蘋果、石榴、
葡萄和各式月餅。有的地方要將瓜果切成牙瓣如蓮花狀，以象徵菩薩的蓮花
座，等月亮升起時祭月，叫「迎月」。然後全家人面對月亮而祭月、拜月、賞
月。祭月後，由家里長者把祭品分給大家。特別是把象徵圓月的「大團圓」
月餅，按人切成份，每人一份。如家中有在外未歸者，也要特意留給他一
份，取月圓、闔家團圓之意。《金陵歲時祀》記有南京中秋節之風俗：「中秋
祀月……月餅，俗名團圓餅，祀月之餘，闔家分啖，義取團聚，競稱『中秋』
為團圓節。」

　　月餅作為吉祥物，除了象徵闔家團圓、歡聚之外，還有很多豐富的吉祥
文化內涵。

中秋節以月餅祭月、拜月還有祈子和求婚姻美滿之意。舊時民間有「男不拜月，女不祭灶」的說法。女子拜月的主要目的為：已婚者祈求月娘娘送子，未婚女子祈求月娘娘使其婚姻美滿幸福。

古人認為月為陰，有利女性。月餅即代表月亮，用月餅祭月，可使婦女受孕。所以民俗有婦女為求子，於八月十五夜月到中天之際，祭月吃了月餅後，獨坐庭院，靜沐月光，可得貴子。有的地方是已婚未孕女子，在月光下走動，稱「走月亮」，也可得子。《吳縣志》記有：「十五日為中秋節，作月餅相餉、祀月……婦女亦盛妝出遊，曰『走月亮』。」

此外，月餅還有象徵豐年之意。我國遠古時期即有「春祈」和「秋祀」的農業生產活動，以感謝土地神和谷神、月神賜給五穀豐收。中秋節正值五穀豐收的季節，吃月餅也融入了秋祀的因素，月餅又成了豐年的象徵，借月餅來慶賀豐年，祈望保祐來年風調雨順，獲得更好的收成。舊時，中秋節小孩邊吃月餅還邊唱「吃月餅，念月餅，明年是個好年景」的民謠。所以月餅又成了人們慶賀豐年、祈盼豐收、生活美滿的象徵。

桂子飄香月下聞
——桂與節日吉祥文化

農曆八月中秋，金風送爽，丹桂飄香，月光皎皎，闔家團圓，共食月餅，觀月賞桂，真乃人生一大樂事。

我國是桂之故鄉，全國各地均有種植。桂在我國已有兩千多年的歷史。

戰國時期，偉大愛國主義詩人屈原在其《楚辭》中早有詠贊：「桂棟兮蘭
橑」，「桂棹兮蘭枻」，「結桂枝兮延佇」。《九歌》中亦有「援北斗兮酌桂漿」，
「奠桂酒兮椒漿」的詩句。在陝西省勉縣城南定軍山武侯墓前有兩株桂樹就栽
於漢代，人們稱為「漢桂」，至今，中秋時仍花香四溢，濃鬱醉人，被美譽為
「雙桂流芳」，寓桂生命力之強、壽命之長的含義。

桂是我國傳統名貴花木，又叫木樨，為木樨科常綠灌木或小喬木，高可
達十多米。桂花又是我國十大名花之一。桂四季常青，樹葉繁茂。桂品種繁
多，按花色分有金桂、銀桂、丹桂；按特性分有四季桂、月月桂、岩桂等。
桂花花香襲人，每到中秋節前後，眾芳搖落，而桂枝葉腋間卻綴滿密集的小
花，清香飄逸，濃馥致遠，故有「九里香」之稱。

我國遍植桂樹，尤以桂林、蘇州、杭州和四川的成都最享盛名。杭州靈
隱寺周圍山上就植有很多桂樹，詩人白居易、蘇東坡都曾在此披月賞桂、行
吟詠歌。四川新都有桂湖，湖畔有桂二百餘株，中秋桂花開時，香飄十里。
蘇州中秋賞桂之風更盛，虎丘賞桂成為一絕。因廣西桂林遍植桂樹，桂花已
成為廣西壯族自治區的區花。

「月中有丹桂，自古發天香。」說到桂，人們自然會聯想到月亮中的桂樹
及「吳剛伐桂」的神話故事。

傳說，月中有棵桂花樹，高五百丈。漢朝河西人吳剛，學仙時犯了規
矩，被玉帝罰去月中伐桂。但這棵桂樹隨砍隨合，一直生機勃勃。所以，吳
剛砍樹不止，永無盡期。只有到中秋節這天才可以休息一天，與人間共度佳
節，痛飲桂花酒。所以毛澤東在《蝶戀花・答李淑一》詞中有：「問訊吳剛何
所有，吳剛捧出桂花酒。」

　　因月中有桂，所以古人稱月亮往往也帶「桂」字。如稱月為「桂魄」，唐王維《秋夜曲》詩：「桂魄初生秋露微，輕羅已薄未更衣。」如稱月為「桂宮」，南朝沈約有《登臺望秋月》詩：「桂宮嫋嫋落桂枝，露寒淒淒凝白露。」如稱月為「桂輪」，唐方干《月》詩：「桂輪秋半出東方，巢鵲驚飛夜未央。」如稱月為「桂月」，北周庾信《終南山義谷銘》詩：「桂月危懸，風泉虛韻。」這些美稱都被詩人當作月亮的代名詞。

　　「桂子月中落，天香雲外飄。」不僅傳說月中有桂，而且傳說人間的桂樹也是從月宮中傳來的。所以，又有「月中桂子」的神奇傳說。宋代僧人遵式《月桂峰詩序》云：「天聖辛卯秋，八月十五夜，月有濃華，雲無纖翳。天降靈實，其繁如雨，其大如豆，其圓如珠，其色有白者、黃者、黑者，殼如芡實，味辛。識者曰，此月中桂子。」唐陳藏器《本草拾遺》亦記有：江東諸處，每至四五月後，嘗於衢路拾得桂子，大如狸豆，破之辛香。故老相傳，是月中下也。宋代錢易在《南部新書》中云：「杭州靈隱山多桂，寺僧曰：『月中種也。』至今中秋夜往往子墜，寺僧亦曾拾得。」可見，桂果然結子。因為桂為雌雄異株，雌桂少見，所以難見其子。古人寫中秋賞桂的詩中，多用此典故。如宋虞儔《有懷漢老弟》詩云：「芙蓉泣露坡頭見，桂子飄香月下聞。」

　　關於「月中桂子」，民間還有一個神奇美妙的傳說。有一年，中秋節夜半時分，杭州靈隱寺的燒火和尚德明到廚房燒粥，聽見一陣像下雨的聲音，但一看明月當空，覺得很奇怪。他走到院內抬頭一望，只見從月亮裏落下無數個小顆粒，有黃豆那麼大，五顏六色的很好看。他就一顆一顆地拾起來，到天亮時拾了一大兜子。

　　第二天早上，德明和尚就把拾得的一個個小顆粒兒拿去給師父智一老和尚看。智一看後說：「這是月宮中的桂樹落下的桂子，是吉祥之物。」

　　於是，師徒二人把拾來的桂子種在寺前寺後的山坡上。過了些日子，桂子竟然發出嫩芽，很快長成小樹苗，一年長有丈把高。到第二年中秋節，每株樹上開出密密麻麻的小花朵，有金黃色的，有雪白的，有緋紅色的。德明和尚就按照不同顏色把它們叫作金桂、銀桂、丹桂等。從此，靈隱寺四周就長滿各種桂花。現在，靈隱寺旁的一座山峰就叫「月桂峰」。

　　民間把桂樹作為吉祥物，主要是因為「桂」諧「貴」音，多用來象徵富貴，用於祈子時有「天降貴子」之意。吉祥圖案中也常以桂入畫，如蓮花與桂的紋圖為「連生貴子」；桂花與芙蓉花的紋圖為「夫榮妻貴」；把桂和蘭畫於一紋圖為「桂子蘭孫」，後世稱子孫發達、光宗耀祖為「蘭桂齊芳」；桂花與蝙蝠的紋圖為「福增貴子」；等等，都是表達吉祥、富貴之意。

　　桂花作為吉祥物，還有更深邃的文化內涵。在中國封建社會，從唐代開始每年鄉試（即秋闈）大考在八月，正值桂花盛開，所以稱為「桂月」。鄉試考中的舉人，稱為「折桂」或「登科」，合稱為「桂科」；將考場譽為「桂苑」，後泛指科舉及第者為「桂客」、「桂枝郎」；考上頭名狀元，被譽為「蟾宮折桂，獨佔鰲頭」。文學名著《紅樓夢》第九回中就寫有林黛玉聽說賈寶玉要上學了，笑道：「好！這一去，可是要『蟾宮折桂』了！」所以，「月中折桂」、「蟾宮折桂」成為封建社會讀書人仕途得志的夢寐以求的好事、吉事。

　　桂花貴在其香，但桂香而不露，秀麗而不嬌，獨佔三秋，香壓群芳。古人認為桂花有高尚美德，品評桂花香為濃、清、久、遠俱全，清可滌塵，濃而遠致，推為上品香花。所以，我國人民對桂花有特殊感情，一直把它看作

吉祥之花、友誼之花。春秋戰國時期，燕、韓兩國就曾以桂花作為珍貴禮品相贈，以表達和平、友好。

在我國盛產桂的少數民族地區，青年男女還常以桂花作為愛情的吉祥信物，以表達愛慕之情，他們在互相贈桂時還唱著「一枝桂花一片心，桂花林中結終身」的山歌。桂花在國外，也同樣得到人們的青睞。古希臘人曾用桂枝編成「桂冠」，贈給有才華的詩人，稱其為「桂冠詩人」。在漢語中「桂冠」一詞也已成為光榮稱號的同義語。

桂花不僅可供觀賞，而且還有較高的經濟實用價值。桂花是一種重要的芳香植物，可以浸酒、窨茶、制糕點，還可以提煉名貴的香精，應用於化妝品和食品配料中。桂樹木質紋理細密，是雕刻的好材料，誠如詩人白居易所言：「縱非棟樑材，猶勝尋常木。」桂皮可以提取染料、鞣料。桂花還可入藥，有化痰、散瘀之效。桂子有暖胃、平肝、益腎、散寒之效。桂根有治筋骨疼痛、風濕麻木、腎虛牙痛等作用。真可謂全身都是寶。

白兔搗藥姤娥宮
——兔與節日吉祥文化

兔子是一種溫馴可愛的小動物，潔白的長毛，晶瑩如玉的眼睛，長長的耳朵，三瓣嘴唇，乾淨整潔，機敏警覺，人見人愛。

一提到兔子，人們自然會想到月宮中不停杵臼搗藥的玉兔。月宮中有玉兔的傳說歷史悠久，大約起源於漢代。《太平御覽》云：「月中有兔與蟾蜍。」

晉傅玄《擬天問》云：「月中何有？玉兔搗藥。」就連東漢科學家張衡在《靈憲》中也講到月中有玉兔。漢樂府詩集《相和歌辭·董逃行》中亦有「採取神藥若木端，白兔長跪搗藥蝦蟆丸」的詩句。後經詩人的想像和渲染，月中之兔又成為玉兔、金兔、銀兔、瑤兔等，並成為月的代稱和美稱。如美稱月為玉兔，唐韓琮《春愁》詩：「金鳥長飛玉兔走，青鬢常青古無有。」美稱月為金兔，南朝江總《答王均早朝守建陽門開》詩云：「金兔猶懸魄，銅龍欲啟扉。」美稱月為銀兔，隋煬帝《望江南》詩云：「清露冷侵銀兔影，西風吹落桂枝花。」美稱月為瑤兔，唐黃滔在《丈六金身碑》文中曰：「一夕雨歇天清，風微月明，瑤兔無煙，銅龍有聲。」此外，還有別稱為玄兔、冰兔、夕兔等。人們常把兔作為皎潔明月的象徵，所以還常把兔子稱為「月兔」。

為何月中有兔，並把兔作為月的象徵呢？這來源於一個神奇的傳說故事。據唐代高僧玄奘所著的《大唐西域記》中所載：太古時期，在一片山林中有狐、猿、兔三種動物和諧相處，篤行仁義。天帝想考驗三獸，便變成一位非常飢餓的老人，向它們求食。狐狸叼來一條魚，猿採來野果，只有兔子什麼也沒有找到。兔子非常慚愧，為了表達自己的誠心，跳入火中，將自己的身體燒熟來敬獻給老者。天帝非常感動，就把兔子帶到月宮中了。所以，人們在月亮上能看到兔子。這也表現了兔子的仁義。

因為人們對玉兔之愛，民間又演化出祭拜兔兒爺的習俗。兔兒爺是一種泥塑的玩偶，中秋節用來祭拜月神和娛樂兒童。

兔兒爺為粉白的嫩臉，身披戰袍，頭戴金盔，左手托著臼，右手拿著杵，背上插著小旗。它的坐騎有獅子、老虎、梅花鹿等，也有坐蓮花座的，威風凜凜，神氣十足，富有童稚的情趣。

兔兒爺由月宮中玉兔搗藥的故事演化而來，始於明代。明紀坤《戲題》詩小序中曰：「京師中秋節，多以泥摶兔形，衣冠踞坐如人狀，兒女祀而拜之。」到了清代，此俗大盛。清潘榮陛《帝京歲時紀勝》云：「京師以黃沙土作白玉兔，飾以五彩妝顏，千奇百狀，集聚天街月下，市而易之。」清蔣士銓《京師樂府詞》中有一首專詠兔兒爺的詩，詩云：

> 月中不聞杵臼聲，搗藥使者功暫停。
> 酬庸特許享時祭，摶泥範作千萬形。
> 居然人身兔斯首，士農工商無不有。
> 就中簪纓竊紳黻，不道衣冠藏土偶。
> 持錢入市兒喧嘩，擔頭爭買兔兒爺。
> ……

詩中詳細描敘了清代京師制作和賣兔兒爺的習俗。這些都給兔子增添了祥瑞、可愛的色彩。

兔子為十二屬相之一，在民俗信仰中也是一種吉祥物。在中國傳統民俗信仰中，有婚配屬相相剋相生之說，人們認為有些屬相的人是不能互相婚配的，否則會相剋，有災難。比如俗諺有「白馬犯青牛，雞猴不到頭」，「虎兔相逢一代休」，「兔龍相害，兔雞相沖」等說法。反之，有些屬相互相婚配則會幸福美滿。如狗與兔、蛇與兔相配就為吉配。因為蛇靈動、機智，善於斂財，民間俗信夢蛇兆財；兔子溫馴、機敏，善於守財。所以，蛇和兔相配是最好的婚配屬相。故俗語有「蛇盤兔，必定富」之說。民間吉祥紋圖常有「蛇

盤兔」的各種剪紙窗花，應用極為廣泛。

在民俗信仰中，有關兔子的俗信也不少。如中國民間就有禁忌孕婦食兔肉的習俗。東漢王充《論衡・命義篇》：「妊婦食兔，子生缺唇。」晉張華《博物志》云：「妊娠者不食兔肉，令兒口缺。」就是說女人在妊娠期間不能吃兔肉，吃了兔肉，生的孩子會豁唇。山東沿海漁民還有一種古老的民俗，就是在谷雨的清晨，妻子在丈夫剛進門時，突然把兔子塞在丈夫懷裏，預祝丈夫出海平安、捕魚豐收，以兔子來象徵吉祥幸福。

兔子作為吉祥物有著深厚的文化底蘊。《瑞應圖》云：「赤兔者瑞獸，王者盛德則至。」《宋書・符瑞志》云：「兔壽千歲，五百歲其色白。」兔在十二地支中與卯相對應，成為卯兔。《論衡》：「卯，兔也。」從文字學角度來看，「卯」字描畫的是草木剛剛出土萌芽的形象。《說文解字》注：「卯，冒也。二月，萬物冒土而出。」在十二時辰中，卯指早晨 5～7 時。所以卯代表清晨、春意。卯兔即表示春意盎然，生機無限之意。迷信認為春天早晨生的兔子命運好，一生幸福、富貴，這當然是一種宿命論的說法。

由於兔子機敏、可愛，所以歷代詩人、詞客多有歌詠。如唐代詩人李商隱《碧城三首》詩之三：「玉輪顧兔初生魄，鐵網珊瑚未有枝。」宋代詩人歐陽修的《白兔》詩：「天冥冥，雲濛濛，白兔搗藥嫦娥宮。」宋劉辰翁《踏莎行・九日牛山作》詞：「日月跳丸，光陰脫兔，登臨不用深懷古。」宋秦觀的《放兔行》詩：「兔兮兔兮聽我言，月中仙子最汝憐。」明瞿祐《白兔》詩：「仙山昔慣餐霞草，月殿今看舞羽衣。塵禍已將孤換腋，霜毫欲與雪爭輝。」這些詩中的兔與月都緊密聯繫在一起，使兔有了更深的文化內涵。

金蟾秋半倍澄明

——蟾蜍與節日吉祥文化

蟾蜍又稱蟾諸、蛤蟆等，俗稱癩蛤蟆。

蟾蜍混身長滿疙瘩，外形不太雅觀，但它是人類的朋友。它以食害蟲為主，對莊稼有很多益處。此外，其皮膚疣內分泌的一種黏液——透明的白汁，中藥稱為蟾酥，可入藥，是清熱解毒、消腫止痛、治毒瘡的良藥。蟾酥與麝香等中藥合於一起是治咽喉疼痛、喉蛾、爛喉、丹痧等最好的中成藥，稱為「六神丸」。蟾蜍雖然外觀不雅，由於它可食蟲排毒，所以，仍被人們視為吉祥物。

蟾蜍除實用價值外，傳說中它是一種仙蟲，蘊含有豐厚的吉祥文化內涵。

古代傳說蟾蜍為月精，由仙女嫦娥所化。唐徐堅《初學記》云：「羿請不死之藥於西王母，羿妻姮娥（即嫦娥）竊之奔月，託身於月，是為蟾蜍，而為月精。」又云：「日中有踆烏，月中有蟾蜍。」故世人都把日中踆烏與月中蟾蜍看為仙蟲、神物。另據漢張衡《張河間集·靈》云：「姮娥，羿妻也，竊西王母不死藥服之，奔月……姮娥（即嫦娥。因漢文帝名『恒』，恒與姮同音，為避諱，把姮娥改為嫦娥）遂託身於月，是為蟾蜍。」這些歷史記載均說明月中蟾蜍都是由姮娥所化，故作為月的代稱。如清金農的《東風臥病》詩云：「蟾蜍兩歲照秋林，忽忽奚堪百感侵。」古人又把蟾蜍簡稱為「蟾」，如李白《雨後望月》詩云：「四郊陰靄散，開戶半蟾生。」金段成己《中秋之文》詩云：「蟾吐寒光呈皎潔，桂排疏影甚分明。」

　　因月中有蟾，古人又圍繞蟾而生發出諸多與蟾有關的雅稱，如蟾宮、蟾闕、蟾窟等。傳說月中有仙宮，又稱「廣寒宮」。唐柳宗元在《龍城錄・明皇夢遊廣寒宮》就記有唐明皇於八月十五日之夜，夢遊月中，「傾見一大宮府，榜曰：廣寒宮清虛之府」。所以，蟾宮、蟾闕、蟾窟皆指月宮而言。如唐許晝《中秋月》詩云：「應是蟾宮別有情，每逢秋半倍澄明。」元丁鶴年《題奚仲英進士鵠山書堂》詩云：「已為蟾闕彥，仍就鵠山居。」詩中「蟾闕彥」即代指進士。因傳說蟾宮中有桂樹，唐代科舉以來，把科舉及第稱為「蟾宮折桂」，稱考中新進士為「蟾宮客」。清陳維崧亦有《百字令》詞云：「淮王城下，有扶疏絲叢桂，香分蟾窟。」

　　因月皎潔如玉，人們喜月愛月，蟾蜍為仙蟲、吉物，又把月與蟾蜍聯繫起來，美稱為玉蟾、瓊蟾、皎蟾、金蟾、銀蟾等。如唐代大詩人李白的《初月》詩云：「玉蟾離海上，白露濕花時。」明陳子龍《秋月篇》詩云：「海上瓊蟾浴已過，天邊玉蕦葉還多。」玉蕦，指古代傳說中的一種瑞草。清吳偉業、林雲鳳《梅花庵話雨聯句》詩云：「有待聞幹鵲，無由見皎蟾。」唐令狐楚《八月十七日夜書懷》詩云：「金蟾著未出，玉樹悲稍破。」唐白居易《中秋月》詩云：「照他幾許人斷腸，玉兔銀蟾兩不知。」蟾蜍為月中之精靈，為月精，故又稱月為「靈蟾」。如宋梅堯臣《李康靖少傅夫人挽詞》云：「寶劍知終合，靈蟾已隕西。」

　　蟾蜍作為仙蟲、靈物，相傳主要是指「三足蟾」，又稱金蟾，傳說得之可以致富發財。清東軒主人《述異記》云：「古謂蟾三足，窟月而居，為仙蟲。」

　　為什麼「三足蟾」為仙蟲呢？傳說：古代有只神奇的三足蟾蜍，本為蟾

精，常危害人類，後因遇險被小財神劉海相救，從此，改邪歸正，常吐錢給人。所以，後來人們把它作為旺財瑞蟲。現在很多商鋪仍有擺放一隻銅鑄的金蟾作為吉祥物的風俗，以示財源廣進，興旺發達。民間有「劉海戲金蟾」圖案。清褚人穫《堅瓠集》「劉海蟾歌」云：「今畫蓬頭跣足嘻笑之人，手持三足蟾弄之，曰此劉海戲蟾圖也。」明李暐的《六硯齋筆記》也記有：「黃越石攜來四仙古像……一為海蟾子，哆口蓬髮，一蟾玉色者戲踞其頂。手執一桃，蓮花葉，鮮活如生。」後世所繪「劉海戲金蟾」吉祥圖為一個蓬頭少年劉海，手執穿有銅錢的繩子，在舞戲三足蟾，用來象徵招財進寶、財源茂盛，此圖又稱「劉海撒錢」。民間流傳有「劉海戲金蟾，步步釣金錢」之俗語。關於劉海的身世，據《列仙全傳》載：劉海為五代時人，初名劉操（一說名哲），字元英，燕京人，曾為遼朝進士，事燕帝劉守光為丞相。乾化元年（971 年），劉操向燕帝守光納諫，燕帝不聽，劉遂託疾掛印而去，改名劉玄英，後從呂洞賓、漢鍾離於終南山學道成仙，號海蟾子，後世曾奉為福神，原曾為八仙之一。

蟾蜍為仙蟲、靈物，由仙女所化，能聚陰精，因此，必帶有仙氣，具有靈性，被視為吉祥物。相傳，蟾為仙藥，益於長壽。《太平御覽》引《樂府詩歌》云：「採取神藥若木端，白兔長跪搗藥蛤蟆丸，奉上陛下一玉柈。」《玄中記》亦云：「千歲蟾蜍，頭生角，得而食之，壽千歲。」此外，傳說蟾蜍還可避兵避邪。《太平御覽》引《抱朴子》云：肉芝者謂萬歲蟾蜍……以五月五日中時取之，陰乾百日，以其足畫地，即為流水，帶其左手於身，避五兵，若敵人射己者，弓弩矢皆反還自向也。當然，這僅為人們賦予蟾蜍的神靈仙氣，不足為信。但是，千百年來蟾蜍的吉祥文化內涵還是相當豐富的，已為世人所共認。

（七）重陽節民俗文化與吉祥物

　　九九豔陽，秋高氣爽，天高雲淡，登高遠望；橘子橙黃，黃花遍地，滿山流丹，碩果累累，又是一年佳節重陽到，真乃是：「一年好景君須記，最是橙黃橘綠時。」（蘇軾《贈劉景文》）

　　重陽節是在農曆九月九日，日月逢九，雙九相重，所以稱「重九」。《易經》以九為陽數，兩陽相重，故名「重陽」。正如魏文帝曹丕《九日與鍾繇書》所云：「歲往月來，忽復九月九日。九為陽數，而日月並應，俗嘉其名，以為宜於長久，故以享宴高會。」

　　重陽節是我國歷史悠久的民間傳統節日，溯之起源，最早可以推到春秋戰國時期。楚國大詩人屈原在《遠遊》詩中就有「集重陽入帝宮兮」的詩句。可見，戰國時期重陽節已形成風俗。

　　古時重陽節的習俗較多，但主要有登高遊玩、賞菊飲酒、插茱萸、吃重九糕等。晉周處《風土記》云：「以重陽相會，登山飲酒，謂登高會，又名茱萸會。」到了宋代重陽節的習俗更流行和熱鬧，宋孟元老《東京夢華錄》詳細記載了北宋時重陽節的熱鬧盛況。明、清時期，人們對過重陽節更隆重，九日重陽，甚至皇帝也親自到萬壽山登高覽勝，以求萬壽無疆。

　　重陽節的主要活動是登高。登高之俗起源很早，宋高承的《事物紀原》云：「齊景公始為登高。」可見，戰國的時候已有登高的習俗。但當時的登高並不固定在重九。重九登高始於西漢。漢劉歆《西京雜記》云：「九月重陽，仕女遊戲，就此祓禊登高。」說明當時登高已有驅邪避難之用意。到了魏晉

南北朝，又增加了遊樂內容。南朝梁宗懍《荊楚歲時記》云：「九月九日，四民並籍野飲宴。」

重陽登高，恰值秋色怡人之時，最初登高具有避災禳禍之意。當然，在封建社會，天災人禍多，百姓不能掌握自己的命運，誰不想避災免禍呢？如今，人民當家做了主，用不著去免災避邪了。但在秋高氣爽的重陽節登高，飽覽大自然的秋色勝景，對於強身健體、激發熱愛祖國之情是很有裨益的。古代詩人就有在重陽節登高賦詩的習慣，在飽餐秀色、遊覽山川之後，靈思飛動，情泉奔湧，或朗吟低唱，或引吭高歌，或傾敘情懷，或盡抒憂喜，華章迭出，秀句奇來，均給後人留下了許多蕩人心魄的詩篇。唐代大詩人杜甫《九日》詩云：「重陽獨酌杯中酒，抱病起登江上臺。」寫詩人客居外地，獨酌杯酒，不能與家人團聚的感慨。劉禹錫《九月九日登高》詩云：「世路山河險，君門煙霧深。年年上高處，未省不傷心。」抒發了詩人對世事多艱難測的喟歎。唐代詩人白居易《九日寄行簡》詩：「下邽田地平如掌，何處登高望梓州。」寫出了詩人不能登高遠望而思鄉念弟的惆悵之情。寫重陽的詩不勝枚舉，但別開生面、獨樹一幟、激人感奮的當數毛澤東的《採桑子·重陽》詞：

　　人生易老天難老，歲歲重陽。今又重陽。戰地黃花分外香。
　　一年一度秋風勁，不似春光。勝似春光。寥廓江天萬裏霜。

該詞一反俗見，開拓新境，且耐人尋味，發人深省，催人奮進，扣人心弦，真乃大手筆也。

　　說到重陽登高的起源，又不能不講到一個富有濃厚神話色彩的傳說故事。據南朝梁吳均《續齊諧記》載：西漢時，有一個叫費長房的人，有一天在家中小樓上飲酒時，透過窗子無意間看到對門一家中藥店的賣藥老翁賣完藥關上門後，就跳進門口掛的葫蘆裏。費長房心生奇想：這個老翁一定是個仙人。

　　第二天，費長房一打聽，老翁果然是天上的神仙，因過失被貶到人間為百姓治病。現貶期已滿，他正準備迴天上去。一聽此言，費長房就立即去拜訪這位老翁，並虔誠地要拜老翁為師，求他賜教為百姓治病的醫術。老翁見費長房為人老實虔誠，就指點他治病的醫術和驅使鬼神的魔方。

　　費長房學道成功後，有一天來到汝南（今河南省汝南縣）。此時汝南兩岸正發生瘟疫，屍體遍野。有個叫桓景的人，父母因染上瘟疫而死，他決心修道學仙為百姓治病，驅除瘟疫。他聽說費長房從壺仙那裏學道成功，能醫百病，神通廣大，並有縮地之術，一日能出現在千里以外的好幾個地方，便去拜費長房修道學醫。

　　桓景跟費長房修道行醫，有一年，九月九日這天，費長房對桓景說：「你家今天有大難，你盡快回家，讓全家每個人準備一隻裝有茱萸的紅袋子係在手臂上，然後登上高山，喝菊花酒，禍事就可以免掉。」

　　桓景從速回家，按照費長房所說，讓全家人登山，一直到傍晚才回家。待回到家裏一看，雞、狗、牛、羊全都暴死。費長房聽到這個消息後，對桓景說：「這是家畜代你們全家受難了。」

　　這件事傳開後，每年的重陽日，人們都去登山、插茱萸、飲菊花酒，把這一天稱為「登高節」。表達了古人祈盼消災避難、健康長壽的美好願望。

這個故事雖然有些離奇荒誕，但實際上來說，晚秋時節，氣候乾燥，百草凋萎，瘟疫易於流行。此時，人們登高遊玩，一方面放鬆心情，解除煩惱；另一方面登高吸收新鮮空氣，對鍛鍊身體、增強體質確有助益。插茱萸、飲菊花酒對人體也很有益處，因茱萸味芳烈，可驅蟲，有逐風邪、治寒熱等功用。所以，古人把茱萸視為吉祥物，重陽節又稱作「茱萸節」。菊花淩霜而開，氣味芬芳，是延年益壽之佳品。宋吳自牧《夢粱錄》云：「今世人以菊花、茱萸，浮於酒飲之，蓋茱萸名『避邪翁』，菊花為『延壽客』。故假此兩物服之，以消陽九之厄。」

講到重陽登高，就不能不講「孟嘉落帽」的故事。據《晉書・孟嘉傳》記載：晉朝永和年間，有個叫孟嘉的著名文人，在大司馬桓溫帳下任參軍。他也是大詩人陶淵明的外祖父。

孟嘉很有才氣，少年時即負有才名，非常受大司馬桓溫的賞識和器重。有一年九月九日重陽節，大司馬桓溫在龍山（今安徽當塗東南）宴請群僚，飲酒賦詩，嘯詠騁懷。當大家杯盞相酬、酒興正濃之際，突然刮來一陣風，把孟嘉的帽子吹落在地上。可孟嘉正在高談闊論，全然未覺。古時掉帽子是非常有失體統的，別人便作詩來嘲笑他。孟嘉才高，文思敏捷，立即提筆以詩相對。由於文辭俊雅，詩驚四座，無不歎服。

「孟嘉落帽」這個故事一直在文壇傳為佳話，用以比喻文人不拘小節，風流瀟灑，縱情詩文，意態翩翩。後來，在詠重陽節的詩裏，常引用到的「龍山落帽」、「孟嘉落帽」或「落帽」，即是指的這個典故。如唐代詩人李白《九日龍山飲》詩：「九日龍山飲，黃花笑逐臣。醉看風落帽，舞愛月留人。」李白另一首《九日》詩：「落帽醉山月，空歌懷友生。」宋代詩人蘇軾《不赴

述古今》詩云：「可憐吹帽狂司馬，空對親眷老孟光。」除此外，古人詩中引
用此典之例比比皆是。

　　孟嘉落帽，不拘小節，風流瀟灑。其外孫陶淵明緊步其後塵，不為五斗
米折腰，性情恬淡，歸田園居，一生酷愛飲酒。每到重陽節時，他就陶醉於
「採菊東籬下」的風雅情趣之中。據南朝宋檀道鸞《續晉陽秋》載：有一年重
陽佳節，陶淵明正在東籬下賞菊吟唱，酒癮大發，因生活拮据，家中已滴酒
未有，這可急壞了陶淵明。他正在焦慮之時，忽見一白衣使者載酒而來。陶
淵明如在夢中，一問方知是江州刺史王弘派來的送酒差使。因為朝廷多次徵
召陶淵明為著作郎，但其淡泊名利，不願就職。王弘因欽佩他傲視世俗、蔑
視權貴的品性，欲結識這一名士，曾多次派人給陶淵明送酒。這次，正值陶
淵明酒癮大發時送來佳釀，真乃雪中送炭。陶淵明大喜，立即打開酒罈，於
花叢中狂飲起來。酒酣之時，詩興大發，隨口吟出《九日閒居》名詩一首：

> 世短意恒多，斯人樂久生。
> 日月依辰至，舉俗愛其名。
> 露淒暄風息，氣澈天象明。
> 往燕無遺影，來雁有餘聲。
> 酒能祛百慮，菊為制頹齡。
> 如何蓬廬士，空視時運傾。
> 塵爵恥虛罍，寒華徒自榮。
> 斂襟獨閒謠，緬焉起深情。
> 棲遲固多娛，淹留豈無成。

詩中淋漓盡致地表達了詩人以菊自娛，以酒祛慮，嘯傲世俗，蔑視權貴，淡泊名利的胸懷和閒吟狂嘯、純然無私的情趣。這便是後世文壇詩苑盛傳的「陶公詠菊」、「白衣送酒」的故事。「白衣」亦成為後世詩人詞客常引入詩中的典故。如唐代大詩人李白《九日登山》詩：

淵明歸去來，不與世相逐。
爲無杯中物，遂遇本州牧。
因招白衣人，笑酌黃花菊。
我來不得意，虛過重陽時。
……

唐李郢《重陽日寄浙東諸從事》詩：「愁裏又聞清笛怨，望中難見白衣來。」

古時重陽節還有很多風俗，如重陽節吃重陽糕的風俗。還有的地區重陽節要接已出嫁的女兒回家過節，所以重陽節又稱「女兒節」等。

今天，人們又賦予重陽節這一民間傳統節日以新的文化內涵。九月九日，正巧二九相逢，「九」與「久」諧音，是長壽的象徵，寄託著人們對老人健康長壽的祝福。後經倡議，我國政府已把重陽節定為「老人節」，又稱「敬老節」。敬老、愛老、孝老這是中華民族的憂良傳統，重陽節時不要忘記老人，要多為他們辦些實事好事，把敬老、愛老、孝老這一憂良傳統發揚光大，世代永遠繼承下去。

滿插茱萸望避邪

—— 茱萸與節日吉祥文化

重陽節又稱茱萸節、茱萸會。因為古時農曆九月九日重陽節，人們有插茱萸、佩戴茱萸囊的習俗，故稱。唐張說《湘州九日城北亭子》詩中就有「西楚茱萸節，南淮戲馬臺」的詩句。

關於重陽節插茱萸、佩戴茱萸囊的習俗，源起於南朝梁吳均的《續齊諧記》所載的桓景避災的傳說故事，上面已經講過，這裏不再贅述。重陽節插茱萸、佩戴茱萸囊之俗早在西漢已有。漢劉歆《西京雜記》就曾記有漢高祖寵妃戚夫人的侍兒賈佩蘭「佩茱萸」之事。到魏晉時，重陽登高佩戴茱萸囊之俗已普遍流行。晉周處《風土記》云：「九月九日，律中無射而數九，俗尚此日折茱萸房以插頭，言避除惡氣而御初寒。」

到唐、宋時期，這種風俗更盛。重陽節時，天高氣爽，登高遊目，茱萸芳烈，丹流菊黃，怎不令人神思飛揚，詩興勃發。所以，歷代詩人詞客為我們留下了許多寫茱萸的傳誦不絕的秀詩華章。關於詩中寫茱萸的當數唐王維的《九月九日憶山東兄弟》一詩：

> 獨在異鄉為異客，每逢佳節倍思親。
> 遙知兄弟登高處，遍插茱萸少一人。

詩中詩人寫重陽節登高時，不直說自己想念家鄉兄弟，而通過遙想兄弟們在登高、遍插茱萸時發現少了一位遠在他鄉的兄弟，反寫故鄉的兄弟思念

自己。這樣把思念之情寫得曲折有致，深切動人。而且這種「憶」兄弟之情帶有鮮明的節俗色彩，給人以想像餘地，情景如畫，歷歷在目。特別是詩中的「每逢佳節倍思親」已成為流傳千古的佳句。把茱萸寫得較有情趣的還有唐代詩人權德輿的《酬九日》詩：

> 重九共遊娛，秋光景氣殊。
> 他時頭似雪，還對插茱萸。

　　詩人在秋色怡人的重陽節，嬉戲娛樂，即使他日頭白似雪，也還要與他人對插茱萸，再作重九之遊。該詩幽默詼諧，形神俱現。而唐代詩聖杜甫的《九日藍田崔氏莊》詩則充滿了憂傷，詩云：

> 老去悲秋強自寬，興來今日盡君歡。
> 羞將短髮還吹帽，笑倩傍人為整冠。
> 藍水遠從千澗落，玉山高並兩峰寒。
> 明年此會知誰健，醉把茱萸仔細看。

　　詩人醉把茱萸，遠眺藍水澗落，玉山高高聳立。再俯觀手中茱萸，不禁感慨：明年此際，不知還有幾人能健康地佩戴著這象徵長壽的茱萸來此相會？詩中雖不置一言，卻勝過千語，詩人深沉的心情和憂傷盡在其中。而著寫「紅杏枝頭春意鬧」的宋祁也有《九日置酒》詩，不作愁語，則氣象一新：

愁晚佳晨重物華，高臺復帳駐鳴笳。

邀歡任落風前帽，促飲爭吹酒上花。

溪態澄明初雨畢，日痕清淡不成霞。

白頭太守眞愚甚，滿插茱萸望避邪。

　　這首詩是詩人晚年寫於成都。詩人自稱「白頭太守」，正表現了他放浪形骸、豁達開朗的性格，詩情灑脫，筆墨誇張，一反杜詩之意。寫茱萸的詩還有李白的《宣州九日寄崔侍御》詩：「九日茱萸熟，插鬢傷早白。」孟浩然的《寄茱萸》詩：「茱萸正少佩，折取寄情親。」這些詩均記錄了重陽節時人們插茱萸、佩茱萸的風俗，抒發了詩人憂喜迥異的情感思緒。

　　茱萸又名越椒、艾子等，古人稱其為「避邪翁」，為常綠小喬木。茱萸作為吉祥物，主要是與其藥用價值有關。茱萸香氣濃鬱，有驅蟲除濕、祛風邪、治寒熱、消積食等藥用功效。茱萸每年農歷九月九日前後成熟，色澤赤紅，氣味濃烈，民間多於重陽節時採茱萸插於頭上，或制成茱萸囊佩戴身上，俗信可避邪驅毒，治病延年，免禍呈祥。晉孫楚有《茱萸賦》云：「有茱萸之嘉木，植茅茨之前庭。」可知，晉代人們已知在庭院房前栽種茱萸，用來除蟲祛毒。《太平御覽》引《淮南畢萬術》云：「井上宜種茱萸，茱萸葉落井中，飲此水者無瘟病。」《花鏡》亦曰：「井側河邊，宜種此樹，葉落其中，人飲是水，永無瘟疫。」可見，人食用浸有茱萸葉的井水，確有防瘟祛病的保健作用。唐郭震《秋歌》之二即有：「闢惡茱萸囊，延年菊花酒。」

　　宋代以後，人們不僅佩戴茱萸，而且還用茱萸浸酒飲之，用於避邪、祛毒、健身。南宋吳自牧《夢粱錄》云：「今世人以菊花、茱萸，浮於酒飲之。」

北宋時，京師（今河南開封）婦女還以茱萸相贈，以作避惡祈祥。宋謝逸有
《點絳唇》詞云：「醉看茱萸，定是明年健。」茱萸作為吉祥物，民間刺繡有
「茱萸繡」、錦緞有「茱萸錦」，均以茱萸作吉祥裝飾紋樣，受到人們的普遍
歡迎。

此花開盡更無花
—— 菊花與節日吉祥文化

　　重九佳節，金秋氣爽；菊蕊笑綻，氤氳芬芳；窗前籬下，片片金黃。九
月，正是菊花盛開時節，故而九月又稱「菊月」。菊花因此與九九重陽節密不
可分，所以，重陽節又稱「菊節」、「菊花節」。在人們的心目中，可以說是
無菊非重陽，重陽不無菊。難怪唐代詩人王勃《九日》詩云：「九日重陽節，
門門有菊花。」

　　菊花是我國傳統十大名花之一，菊又為梅、蘭、竹、菊「四君子」之
一，春蘭、秋菊並稱，向來被視為花中神品、吉物。

　　重九菊花節與菊花有關的節俗活動很多，主要有賞菊、簪菊、飲菊花
酒、食菊糕等，且代代傳承，歷久不衰，已形成一種菊文化現象。

　　賞菊是重陽節重要活動之一。早在魏晉時，魏文帝曹丕的《九日與鍾繇
書》所云：「九月九日，草木遍枯，而菊芬然獨秀，今奉一束。」可見，魏時
君王已有在重陽節時賜臣以菊花的習俗。

　　說到賞菊、愛菊、贊菊，人們自然會聯想到晉代做過彭澤縣令，不為五

斗米折腰的陶淵明，還會聯想到陶公的《飲酒》（其五）詩：「採菊東籬下，
悠然見南山。」

　　陶淵明最愛菊花，因為菊花天姿高潔，傲視風霜。這正與陶公的品性相
契合。陶淵明生活在晉代亂世之時，不滿當時朝政腐敗，41 歲時便辭官歸田
隱居，寫下有名的《歸去來兮辭》，表達了他棄絕污濁官場，欣然歸乎自然的
情操。

　　陶淵明歸鄉後與賢妻一起在家鄉耕作之餘，在宅旁籬邊種了很多菊花，
用來觀賞。每逢重陽花開之時，鄉鄰們都來他家賞菊做客。客人走時，他都
要採菊相送。他曾夢想菊花在九月九日重陽節那天一齊開多好啊！故吟詩
道：

> 菊花知我心，九月九日開。
> 客人知我意，重陽一同來。

　　菊花有情，不負陶公一片心。此後，菊花每年真的在九月九日那天一齊
開放，四方親朋好友都在九月九日重陽節那天一齊來觀賞。大家紛紛讚譽菊
花，並稱陶公栽植的滿園菊花為「重陽菊」。

　　由於陶公和菊花的高風亮節，人們一直愛菊、賞菊、贊菊。歷代文人墨
客詠菊抒懷的名篇佳作也不絕於世。唐代賞菊之風最盛，詩人雅士詠菊之作
亦最多。詩人王維有《奉和聖制重陽節宰臣及群官上壽應制》詩云：「無窮菊
花節，長奉柏梁篇。」更有名的是孟浩然《過故人莊》詩：「待到重陽日，還
來就菊花。」鄭谷有一首別具風韻的《菊》詩，盛讚菊花：

> 王孫莫把比蓬蒿，九日枝枝近鬢毛。
>
> 露濕秋香滿池岸，由來不羨瓦松高。

詩人把菊花人格化了，雖不著一菊字，卻句句贊菊、頌菊。菊花的明麗怡人、縷吐幽香、不羨瓦松、令人神爽的獨特神韻，躍然紙上。

中唐詩人元稹的《菊花》詩則別有新意，不落窠臼，詩云：「不是花中偏愛菊，此花開盡更無花。」元稹的好友白居易讀此詩後，即寫《禁中九日對菊花酒憶元九》詩云：「相思只傍花邊立，盡日吟君詠菊詩。」君吟菊花詩，相思好友情，情深意綿綿，真乃令人動情。

而賦予菊以新的意境、新的靈魂、新的氣魄者則是唐末農民起義的傑出領袖黃巢的《菊花》詩：

> 待到秋來九月八，我花開後百花殺。
>
> 衝天長陣透長安，滿城盡帶黃金甲。

詩中黃巢以石破天驚的非凡氣勢，奇思妙想的象徵手法，一掃菊孤高隱逸、傲視霜雪的傳統形象，表現了農民起義軍的粗獷豪邁，奪取勝利的壯美和向往。

宋代賞菊之風更盛。宋吳自牧《夢粱錄》記有每年重九「禁中與貴家皆此日賞菊，士庶之家，亦市一二株玩賞」。此時，菊花品種已達七八十種，「擇其憂者言之，白黃色蕊若蓮房者名曰『萬齡菊』，粉紅色者名曰『桃花菊』，白而檀心者名曰『木香菊』，純白且大者名曰『喜容菊』，黃色而圓者

名曰『金鈴菊』，白而大心黃者名曰『金盞銀臺菊』……」真可謂百花競放，爭豔奪彩。

元、明、清賞菊之風不衰，並賞出花樣來。清代燕京（今北京）重陽節立「九花山子」供人們觀賞。「九花山子」即以各色菊花數百盆堆成山形，並結綴出吉祥的字樣來。此俗沿至今日，每逢重陽節，很多大城市結合各類活動均舉辦菊花展，人們賞菊、攝菊、畫菊，更增加了菊花新的文化內涵。

重陽佳節，賞菊之外，還有簪菊、飲菊花酒之風俗。唐時已有簪菊之風，詩人杜牧的《九日齊山登高》詩即有「塵世難逢開口笑，菊花須插滿頭歸」的詩句。宋代以降，簪菊之風一直未輟。《紅樓夢》第三十八回中探春就寫有一首《簪菊》詩。

簪菊多為女性所為，飲菊花酒則為男性之喜好，特別是成為文人雅士不可缺少的一種雅趣。

重陽節飲菊花酒的習俗早在漢代以前已有。西漢劉歆《西京雜記》載：「菊花舒時，並採莖葉，雜黍米釀之，至來年九月九日始熟，就飲焉，故謂之菊花酒。」南朝梁宗懍《荊楚歲時記》也講到飲菊花酒。到唐、宋時，重陽飲菊花酒已盛行，唐代詩人岑參《奉陪封大夫九日登高》詩云：「九日黃花酒，登高會昔聞。」唐代詩人錢起《九日登玉山》詩云：「龍沙傳往事，菊酒對今秋。」

大詩人杜甫晚年在梓州時也作有一首《九日登梓州城》詩云：

伊昔黃花酒，如今白髮翁。
追歡筋力異，望遠歲時同。

弟妹悲歌裏，朝廷醉眼中。

兵戈與關塞，此日意無窮。

重陽節飲菊花酒不僅是一種節令飲品，更主要是傳說可以避惡強身，延年益壽，詩人飲之更作為一種雅興。因此，歷代詩詞中多有詠之。唐代詩人李欣《九月九日劉十八東堂集》詩云：「菊花闢惡酒，湯餅茱萸香。」唐代詩人盧照鄰亦有《九月九日登玄武山》詩云：「他鄉共酌金花酒，萬裏同悲鴻雁天。」宋代詩人劉筠《和燕勉道九日》詩：「薦君玄鶴千年壽，泛我黃金萬點花。」清代詞人顧貞觀《醉花陰‧重九》詞云：「知道明年還健否，且醉黃花酒。」這些文人，無論悲歡喜憂，均有重陽節飲菊花酒和詠菊花詩詞之雅興。

菊花作為吉祥物，確可延年益壽，強身明目，故又美稱菊花為「壽客」、「長壽花」。古人早就以菊花為食，屈原在《離騷》中云：「朝飲木蘭之墜露兮，夕餐秋菊之落英。」

菊花既有食用價值，又有藥用價值。明李時珍《本草綱目》云：「菊，春生夏茂，秋花冬實，備受四氣，飽經露霜，葉枯不落，花槁不零，味兼甘苦，性稟平和。」菊花根、莖、葉、花均可入藥，有明目平肝、清頭風、利血脈、安腸胃之功效。用菊花浸酒藥用價值更高，還可延年益壽。南朝梁宗懍《荊楚歲時記》有：「九月九日……飲菊花酒，令人長壽。」《太清諸草木方》亦載：「九月九日，採菊花與茯苓、松脂，久服之，令人不老。」此外，用菊花還可做枕頭，有清頭風、明目、去邪穢之功。據《澄懷錄》載：秋採甘菊，貯以布囊，作枕用，能清頭目，去邪穢。詩人陸游就常用菊花枕，並在《老態》詩中寫道：「頭風便菊枕，足痹倚藜床。」所以，菊花成為人們心目

中喜愛的吉祥花。民間傳統吉祥圖案還把菊與枸杞繪於一起叫「杞菊延年」，寓意益壽延年，被廣泛應用；把菊花與黃雀畫於一起為「舉家歡樂」，因「菊」與「舉」同音異聲，「黃」與「歡」音近，寓意全家重陽節快樂。

買糕沽酒作重陽
——重陽糕與節日吉祥文化

重陽糕是重陽節的一種傳統節令食品，又稱花糕、五色糕、菊糕、蓬餌等。因「糕」與「高」諧音，象徵步步高升、興旺發達之意，所以人們一直把它作為一種吉祥食品。

重陽糕始源於漢代的「蓬餌」。晉葛洪《西京雜記》云：「戚夫人侍兒佩蘭……九月九日佩茱萸，食蓬餌，飲菊花酒，雲令人長壽。」唐、宋時始稱「重陽糕」。《嘉話錄》曾記唐人袁師德重陽節那天出去做客，因避其父袁高之名的忌諱而不食重陽糕的趣事，在《野客叢談》以及邵博的《邵民聞見後錄》中也都記有一則有關重陽糕的文壇趣聞軼事。

唐代詩人劉夢得（即劉禹錫），世稱「詩豪」。重陽節他作九日詩時想用「糕」字，因為「六經」中沒有「糕」字之典，故不敢作。而宋子京不以為然，認為《周禮》中即有「糗餅粉餈」句，餈即餈糕，怎能說六經中無糕呢？這也太死板了。於是宋祁作《九日食糕》詩譏諷嘲笑劉夢得：

飆館輕霜拂曙袍，糗花飲鬥分曹。

劉郎不敢題糕字，空負詩中一世豪。

　　宋吳自牧的《夢粱錄》中即記有：九月九日「以糖面蒸糕，上以豬羊肉鴨子為絲簇釘，插小彩旗，名曰『重陽糕』」。宋孟元老的《東京夢華錄》也記有：（重陽）前一二日，各以粉面蒸糕遺送，上插剪綵小旗，摻釘果實，如石榴子、栗黃、銀杏、松子肉之類。又以粉作獅子蠻王之狀置於糕上，謂之獅蠻。另外，宋周密的《乾淳歲時記》中也都記敘有當時的重陽糕。宋代詩人劉筠有《九日與蔡伯世兄弟城上採菊伯世誦居仁九日絕句因用其韻》詩云：「歸去釀錢煩里社，買糕沽酒作重陽。」該詩寫詩人回家後湊錢到里社買糕沽酒來歡度重陽節。可見，當時過重陽節少不了買重陽糕。

　　明、清時，因為在糕上點綴有栗子、棗子等，斑斕如花，又稱「花糕」。明劉侗、於奕正《帝京景物略》云：「九月九日……面餅種棗栗其面，星星然，曰花糕。」明代詩人高啟有《九日陪諸閣老食賜糕次謝授經韻》詩云：「故園莫憶黃花酒，內府初嘗赤棗糕。」詩中的「赤棗糕」即是糕上點綴有紅棗的重陽糕。清曹貞吉《笛家·九日長安遣興和其年》詞云：「剪綵旗幡，花糕擔子，知送誰家去？」說明清代無論官府還是百姓吃花糕已很盛行，並且有人挑擔送糕。清李靜山的《增補都門雜詠·花糕》竹枝詞云：

中秋才過近重陽，又見花糕各處忙。
面夾雙層多棗栗，當筵題句傲劉郎。

　　詩中即引用了劉夢得作詩不敢題糕字的典故，同時也生動地描繪了當時

吃花糕度佳節的盛況和歡樂景象。

因為重陽糕是吉祥食品，所以其制作十分講究。有的地方把重陽糕做成九層，下大上小，像座小山。最上面還放有用麵團捏的兩隻小羊，以象徵重陽的意思。有的還插上五彩小旗，點上蠟燭作燈，「燈」與「登」諧音，「糕」與「高」諧音。因為平原沒有山，就以點燈吃糕來代替「登高」。

重陽糕不僅自家食用，還作禮品饋贈親朋好友，稱「贈糕」、「送糕」，祝願親朋好友步步增高，萬事祥瑞。清潘榮陛《帝京歲時紀勝》云：「京師重陽節花糕極勝，有油糖果爐作成者，有發麵壘果蒸成者，有江米黃米搗成者，皆剪五色彩旗以為標識。市人爭買，供家堂，饋親友……」有的地方到重陽節還要把出嫁的女兒接回家吃糕，稱「迎寧」。所以，重陽節又稱「女兒節」。《宛署雜記》云：九月蒸花糕……有女者迎歸，共食之。舊時農村還傳唱有「中秋剛過了，又為重陽忙。巧巧花花糕，只因女想娘」的民謠。

重陽糕為吉祥物，人們食糕主要是為求吉祈祥。有的地方重陽節早上，母親用糕置孩子頭上，並祈禱一些吉祥祝語，願兒女歲歲平安，步步高升。如明謝肇淛《五雜俎》曰：「九日天明時，以片糕搭兒女頭額，祝曰：『願兒百事俱高。』此古人九日吃糕之意。」

由此看來，重陽節吃糕的文化意蘊主要是古人借助文字的諧音和數位的神秘觀念來表達熱愛生活、熱愛生命的樂觀情懷。

重陽節為什麼要吃重陽糕呢？民間傳說有這麼一個故事。

從前，在一座大山下住著一戶莊稼人。戶主是個健壯的莊稼漢，為人善良忠厚，樂於助人。農曆九月初七那天夜晚，他家來了一位乞討的老人，這位莊稼漢和妻子給這個乞討的老人既做飯吃，又安排住宿。

　　第二天早上，老人謝過莊稼漢後說：「後天九月九日，你家要遭災，那天你全家一定要搬到山上去，可以免災。」說完，那乞討的老人就走了。

　　到了九月九日那天，一大早，莊稼漢就按老人所說，全家人遷到山上。到中午時分，果然聽見原來的住處雞飛狗叫，不一會兒，房子也著火燒起來，全家人幸免於難。後來聽說這位乞討老人是位仙人，因莊稼漢善良，來救他全家的。

　　莊稼漢全家人登高避難的事一傳十、十傳百，傳開了。到了第二年，別人家也都像他家一樣，全家登高避災。可是，住在平原地區的人附近沒有山可登高，怎麼辦呢？人們就想出了一個辦法，九月九日那天吃糕，因「糕」與「高」同音，以吃糕來代替登高避災。後來曾流行一句俗諺：「重陽不吃糕，必定要遭殃。」當然，這是迷信說法，不可信。但是重陽節吃花糕成為代代相傳的節令食俗。

（八）冬至民俗文化與吉祥物

> 相傳冬至大如年，賀節紛紛衣帽鮮。
>
> 畢竟勾吳風俗美，家家幼小拜尊前。

這是舊時流傳吳地（蘇浙一帶）的竹枝詞，反映了當地冬至節的風俗。

冬至，本為二十四節氣之一，其時間在每年的陽歷 12 月 22 日左右。按照天文學來講，冬至日太陽行至黃經 270°，陽光直射南回歸線，北半球白天最短，夜晚最長。冬至日過後，陽光直射位北移，白天漸長，所以，民諺有「吃了冬至飯，一天長一線」之說。

我國傳統的陰陽觀以陰陽來解釋冬至，如《通緯‧孝經援神契》所說：大雪後十五日，鬥指子，為冬至，十一月中，陰極而陽至，日南至，漸長至也。《月令七十二候集解》亦有：「十一月中，終藏之氣，至此而極也。」所以，冬至又稱「長至節」，意謂白晝之長將至。無論是傳統的還是現代的科學解釋，都注意到我國冬至日白天最短，夜晚最長，此後開始逐漸變為晝長夜短的物候變化特徵。古代詩人在詩中也反映了這種變化。唐代著名詩人白居易《冬至宿楊梅館》詩云：「十一月中長至夜，三千里外遠行人。」偉大詩人杜甫《小至》詩中亦云：「天時人事日相催，冬至陽生春又來。」唐代詩人韓偓《冬至夜作》詩云：「陰冰莫向河源塞，陽氣今從地底回。」宋代政治家、文豪王安石也寫有一首《冬至》詩：「都城開博路，佳節一陽生。喜見兒童色，歡傳市井聲。」宋代詞人阮閱有《減字木蘭花‧冬至》詞云：「曉雲舒瑞，

寒影初回長日至。」宋代詩人范成大舟行萬裏，冬至陽生，使他一掃旅夜愁懷，他在《冬至夜發峽州舟中作》詩云：「舟中萬裏行，燈下一陽生。不減在家好，都忘為旅情。」明代詩人樊鵬的《長至日》詩無疑是一首迎春的樂曲：「大地初陽子夜回，洞房元靄散蘆灰。」另如白居易《冬至夜》詩：「三峽南賓城最遠，一年冬至夜偏長。」盡管詩人們以不同的心態來抒發憂喜，但都反映了冬至陽生、物候變化的季節特徵。不僅記錄了先民們對二十四節氣變化的仔細觀察，也反映了古代人們通過陰陽觀念求吉納祥的文化心態。

　　在古代，冬至也是民間的一個重要節日，人們對冬至節也非常重視。我國從殷周到秦朝，都以冬至為歲首加以慶賀。漢代以冬至為「冬節」，官府要放假，親戚朋友要相聚慶賀，稱「賀冬」。東漢時期，我國著名的史學家班固在《漢書》中說：「冬至陽氣起，君道長，故賀。」南朝宋傑出史學家范曄在《後漢書》中云：「冬至前後，君子安身靜體，百官絕事，不聽政，擇吉辰而後省事。」

　　到了宋代，慶賀冬至節之風更盛，並增加了祭祀祖先、向前輩拜節的內容。皇帝在這一天也要到郊外舉行祭天大典。宋孟元老《東京夢華錄》記云：「十一月冬至，京師最重此節，雖至貧者，一年之間，積累假借，至此日更易新衣，備辦飲食，享祀先祖。官放關撲（即開放賭場），慶賀往來，一如年節。」故民間有「冬至大如年」之說。並呼冬至為「亞歲」，意即冬至如過大年。

　　古時，許多冬至節日習俗和過年一樣，如冬至節的晚上，如同春節年三十晚上一樣，也稱「除夜」，闔家圍坐一起歡聚、勸酒，以示慶賀來年萬事吉祥如意，故稱「飲節酒」。

　　古時，冬至最盛行的風俗還有走親訪友和祭奠祖先。清顧祿《清嘉錄》
中即載有一首《亞歲》詩，寫亞歲冬至節人們為送禮而頗費心機的情景，詩
云：

　　　　　至節家家講物儀，迎來送去費心機。
　　　　　腳錢盡處渾閒事，原物多時卻再歸。

　　冬至節祭祖也和過年一樣，要焚香奠酒、放鞭燒紙叩頭祀祖等。
　　除此之外，冬至還有一個重要而特殊的禮俗是禮拜尊長、獻履獻襪。所
以，冬至節古時又稱「履長節」。這也是一種孝老敬老的憂良傳統習俗。因為
冬至時節已屆隆冬，天寒地凍，晚輩給長輩獻上一些保暖的鞋襪以盡孝心是
應該的。古時冬至時就有媳婦獻履、襪給舅姑的禮俗。《太平御覽》引後魏崔
浩《女儀》云：「近古婦人，常以冬至日上履襪於舅姑，踐長至之義也。」魏
晉詩人曹植《冬至獻襪頌表》云：「伏見舊儀，國家冬至，獻履貢襪，所以迎
福踐長……亞歲迎祥，履長納慶。」舊時，認為冬至陽生，白晝從此漸長，
婦女於此日獻履、襪給舅姑及長輩，有祈祝身體健康、吉祥長壽之意。唐段
成式《酉陽雜俎》云：「北朝婦人，常以冬至日進履襪及靴。」明劉侗、於奕
正《帝京景物略》云：「冬至日，惟婦制履舄上其舅姑。」因為，古人認為冬
至「陽生陰藏」，是個吉利的日子，孝老敬老是最適當的時節，所以，人們把
冬至作為節日來獻禮慶賀。
　　冬至不僅是一個中國傳統的孝老敬老節，還是一個傳統的尊師節。古時
在這一天學生放假，有拜謝、宴請「隆師」的節俗。如山西《左雲縣地稿》

云：「冬至，謂之亞歲。隆師，送節。」河北《新河縣志》云：「冬至日，為長至節。小學學生衣新衣，攜酒脯，各赴業師拜，是曰『拜冬』。」冬至，除拜師外，還有拜聖（即孔子）、請教習、燒字紙等風俗。

燒字紙是我國傳統的「敬惜字紙」的信仰風俗。字紙，即指寫過字的紙，古代讀書人視字和紙為神創之物，所以對字、紙格外珍惜、崇敬，平時寫過的字紙絕不亂丟亂扔，均收集起來，到冬至時才焚燒掉。這些都是尊師重教的好傳統，我們應很好地繼承發揚光大。當然，有些宴請、跪拜等禮節現在不必再有，但尊師重教的文化精神我們是必須繼承的。

古時還有句諺語：「冬至餛飩夏至面。」是說冬至節的食俗是吃餛飩，今天仍有傳承。但是，冬至作為節日來慶賀，已因歷史的演變和紀年法的變更漸漸淡化了。我們今天瞭解冬至吉祥民俗，對我們傳承古代諸如敬老孝老、尊師重教等一些先進文化還是有一定積極意義的。

包得餛飩味勝常
——餛飩與節日吉祥文化

民間諺語有：「冬至餛飩夏至面。」是說冬至時吃餛飩，夏至時吃麵條。這種風俗一直沿襲到今天。

冬至節，古時稱「冬節」，陰極而陽始，比較寒冷，此時吃一碗熱騰騰的餛飩，確對人體有益。再加之餛飩味道鮮美，所以，人們把它作為一種節令吉祥食品。清楊靜亭在《都門紀略·餛飩》詩中對餛飩大加讚譽：

　　包得餛飩味勝常，餡融春韭嚼來香。

　　湯清潤吻休嫌淡，咽後方知滋味長。

　　冬至吃餛飩之俗始於春秋，盛於唐、宋。南宋周密《武林舊事》云：「而都人最重一陽賀冬，車馬皆華整鮮好……享先則以餛飩，有『冬餛飩，年餺飥』之諺。」此句是說，宋時餛飩不僅是節令食品，還用來祭祀祖先。宋陳元靚《歲時廣記》云：「京師人家，冬至多食餛飩。」這種習俗一直流傳到清代。清富察敦崇《燕京歲時記》記有：「冬至郊天令節，百官呈遞賀表。民間不為節，惟食餛飩而已。與夏至之食麵同，故京師諺云：『冬至餛飩夏至麵。』……夫餛飩之形有如雞卵，頗似天地混沌之象，故於冬至日食之。」清潘榮陛《帝京歲時紀勝》亦記有：長至南郊大祀，次旦百官進表朝賀，為國大典。紳耆庶士，奔走往來，家置一簿，題名滿幅。傳自己巳之變，此禮頓廢。然在京仕宦流寓極多，尚皆拜賀。預日為冬夜，祀祖羹飯之外，以細肉餡包角兒（即餛飩）奉獻。諺所謂「冬至餛飩夏至麵」之遺意也。

　　冬至為什麼吃餛飩呢？傳說漢朝時，北方匈奴經常騷擾邊疆。當時匈奴中有渾氏和屯氏兩個首領，對漢民族百姓十分兇殘，百姓對他倆也恨之入骨，於是用麵包肉餡呼作「渾屯」，冬至時煮食，以解心中之恨。同時也祈求戰亂平息，能過上太平祥和的日子。後來趕走匈奴，也就約定俗成，冬至這天仍然家家戶戶吃餛飩。

　　冬至節吃餛飩還傳有一個故事。春秋戰國時期，吳王夫差打敗越國，得到越國的美女西施後，整日沉湎於歌舞酒色之中。有一年，冬至節時，吃膩了山珍海味的吳王又讓西施去做他喜歡吃的食品。西施無奈，恨之入骨，就

狠狠地把肉剁爛，放上一些作料成餡，用面　成皮，包上餡放入鍋中煮熟後，再澆上鮮肉湯，放上蔥、香油等。誰知吳王吃了，覺得特別好吃，就連連說：「好吃，好吃！這是什麼食物？」

西施想：你這個昏君，成天渾渾噩噩，真是混沌不開，當聽到吳王問話時，就隨口答道：「是餛飩。」

後來，這種食品流傳到民間，便成為冬至節的節令佳食。冬至吃餛飩，民間則俗傳，吃餛飩為「安耳朵」。冬至時最冷，不吃餛飩會凍掉耳朵。還有說孩子們冬至節吃餛飩有益聰明。《中華全國風俗志》云：「冬至日，作餛飩為食，取天開於子，混沌初分，人食之可益聰明。」

「十里不同俗，百里不同風。」地域不同，冬至吃的習俗也不同，有的地方冬至以餃子代替餛飩，還有的地方有吃湯圓、吃狗肉、吃羊肉、喝白酒、吃蘿蔔等風俗。這些風俗都是勞動人民在日常生活中積纍下來的經驗。冬至時吃這些食物與吃餛飩一樣，對身體都有益處。

餛飩，原為「混沌」，也有寫作「䐃肫」、「渾屯」等，均同音不同字。混沌本為陰陽不分，渾為一氣之象。因這種天象正合了餛飩是把若干作料混合在一起之特徵，故稱「混沌」。另因「混沌」為食物，方改為食旁，成為「餛飩」之名。《資暇錄》云：「餛飩，以象渾沌。」錢繹《方言箋疏》云：「混沌又並與餛飩相近，蓋餛飩疊韻為渾屯。」

餛飩古時本為祭祖用的吉祥食品，由於味道鮮美、開胃、有益健康，因此，祭祖的意義已沒有了，卻成為今天人們常吃的食品。餛飩因地域不同，叫法也不同。四川人稱其為「抄手」，廣東人稱其為「雲吞」，山東人稱其為「　」。這些都指餛飩，只是同物不同名而已。

（九）臘八節民俗文化與吉祥物

　　農曆十二月初八為我國傳統的節日臘八節。關於臘八節的起源，歷史悠久。這我們首先要從「臘」字說起。古時，臘、蠟、獵三字同源通用，本意均指狩獵以祭先祖、敬百神，以避災納祥、祈福求壽的祭典，夏代稱「嘉平」，殷商稱「清祀」，周朝稱「大蠟」，漢朝才稱為「臘」。漢應劭《風俗通義》云：「夏曰嘉平，殷曰清祀，周曰大蠟，漢改為臘。臘者，獵也，言田獵取禽獸，以祭祀其先祖也。」宋高承《事物紀原・臘日》亦曰：「《禮・月令》：孟冬十月臘先祖。《魏臺訪議》云：薦田獵先所得禽獸，謂之臘。疑特時祭之名云爾，然亦伊耆氏之蠟也。始臘、蠟本一，夏后曰嘉平，商曰清祀，周曰大蠟，秦初曰臘。巳而為嘉平，漢復曰臘也。」而《玉燭寶典》云：「臘者祭先祖，蠟者報百神，同日異祭也。」臘祭是以祭祀祖先，保祐平安吉祥；蠟祭百神以祈五穀豐登，六畜興旺。雖兩者所祭祀有側重，但目的都是為避邪求吉、納祥祈福。古代農曆十二月由於有臘祭禮儀，故稱為「臘月」，此稱一直沿用至今。因十二月稱臘月，民間遂把十二月所醃制的曬乾的肉稱「臘肉」，臘月去集市買貨物稱「趕臘集」，臘月所購的貨物稱「臘貨」。「臘月」古代人們在這一個月祭祖敬神，與神分享祭品，與神同樂，以驅瘟除疫、接福納吉。

　　最初的臘祭並無確定的日期，漢代以後把冬至後的第三個戌日定為臘日。至魏、晉時期，才確定十二月八日為臘日。此後民間便俗稱臘日為「臘八」。關於臘日的風俗，現今流傳的主要是食「臘八粥」。古代，吃臘八粥主

要是為祭祖祭神。

古時，臘日除祭祖敬神外，還有「臘鼓驅疫」的風俗。也就是所謂的「儺」。臘月的儺儀則是以擊腰鼓為主，以示迎春逐疫。南朝梁宗懍《荊楚歲時記》曰：「十二月八日為臘日。諺語：『臘鼓鳴，春草生。』村人並擊細腰鼓、戴胡頭及作金剛力士以逐疫。」這裏所說的「細腰鼓」，又稱「臘鼓」，即今腰鼓。民間臘月打腰鼓的風俗即源於此。「戴胡頭」指的是所戴的一種胡人頭飾的假面具。戴假面具者扮金剛力士、方相等，手執刀持鉞，眾人擊鼓呼叫，以逐除厲鬼、疫病。漢代班固的《東京賦》記有：「卒歲大儺，驅除群厲。方相秉鉞，巫覡操茢。侲子萬童，丹首玄制。」這種除疫之儺後來演化為貴州一些地區的「儺戲」，現在仍有表演。其面具可以說是古儺面具的活化石。古代臘日擊鼓驅疫活動其實是一種巫術活動，其信仰的基礎是原始崇拜。

關於儺的緣起，宋高承《事物紀原》載：「《禮緯》曰：高陽有三子，生而亡去為疫鬼，二居江水中為虐，一居人宮室區隅中，善驚小兒，於是以正歲十二月，命祀官持儺以索室中而驅疫鬼。《軒轅本紀》曰：東海度朔山有神茶、鬱壘之神，以御凶鬼，為民除害，因制驅儺之神……按《周禮》有大儺，《漢儀》有侲子，要之雖原始於黃帝，而大抵周之舊制也。《周官》歲終命方相氏率百隸索室驅疫以逐之，則驅儺之始也。」從這些文字記載可知，其俗源於上古的黃帝，形成於周代，其主要目的是為驅除疫鬼，而且與祐護小孩子平安有關。

舊時臘八還有男童剃頭，女童穿耳的風俗，俗信小孩可平安健康。西北地方，農家臘八還有鑿冰置田地、戶牖、樹根處的風俗，以兆來年潤澤豐

收。因西北冬季乾旱，以冰置地，確可潤澤土地和植物。陝西宜川縣，臘八晚上家置木炭、冰塊於門之左右，謂黑白虎守門，以戒鬼魅。木炭為火，冰塊為水，二物為陰陽二儀的象徵，故有鎮宅之神力。臘八，百物皆神，有助於農人，因此，農民特別重視臘八節。這與農村冬閒也有關，所以一些活動較多。

臘八為新年的前奏，過了臘八，與過年有關的東西都要準備，活動也特別多，如殺豬、宰羊、磨面、打年糕、做粉條等，所以，有些地方民諺有：「小孩小孩你別哭，過了臘八就殺豬。」「大嫂大嫂你別饞，過了臘八就是年。」「媳婦媳婦你別慌，過了臘八備新妝。」

今朝佛粥更相饋
——臘八粥與節日吉祥文化

農曆十二月初八為臘八節，民間有家家戶戶煮臘八粥吃的風俗。舊時佛寺僧侶在臘八節也有做臘八粥以饋四方善男信女的習俗。所以，臘八粥又稱「佛粥」。宋代著名詩人陸游《十二月八日步至西村》詩云：「今朝佛粥更相饋，更覺江村節物新。」盛讚了臘八節人們吃臘八粥的景象。

臘八節吃臘八粥的風俗，相傳最早源於佛教，與佛教創始人釋迦牟尼得道成佛有密切關係。

傳說，釋迦牟尼在成佛之前，本為古印度北部迦毗羅衛國淨飯王的兒子，曾苦行六年，踏遍了印度的名山大川，尋長老，訪異人，苦修行，尋求

人生真諦。他 29 歲那一年，有一天，他走到北印度的摩揭陀國的尼連河附近時，由於這裏荒僻人稀，已經幾日沒有化到齋食，又餓又累，終因體力不支倒了下去。

恰在這時，一位牧羊女經過此處，見到餓得已奄奄一息的釋迦牟尼，急忙把自己所帶的食糧拿出，又取來甘甜的泉水，煮成粥，一口一口地喂釋迦牟尼。釋迦牟尼漸漸蘇醒過來，牧羊女又喂他一些山棗、野果等。

釋迦牟尼很快恢復了元氣，精神振奮，又跑到河裏洗了個澡。待沐浴潔身後，便坐在河邊一棵菩提樹下靜坐默思，突然靈竅大開，終於在十二月八日得道成佛。從此以後，每到這一天，各廟宇寺院為緬懷佛祖和牧羊女，都精心熬粥施捨善男信女，以示紀念。因為這一天為臘月八日，所以稱這種粥為「臘八粥」，又稱「佛粥」。後來，民間也紛紛傚仿，廣為流傳。臘八粥從此成為臘八節的重要節日食品和吉祥物。宋孟元老《東京夢華錄》云：「初八日……諸大寺作浴佛會，並送七寶五味粥與門徒，謂之『臘八粥』。都（指宋時京都汴京）人是日各家亦以果子雜料煮粥而食也。」宋吳自牧《夢粱錄》亦曰：「十二月八日，寺院謂之臘八，各寺俱設五味粥，名曰臘八粥，亦名佛粥。」宋周密的《武林舊事》記當時杭州的風俗曰：「八日，則寺院及人家用胡桃、松子、乳蕈、柿、栗之類作粥，謂之『臘八粥』。」在杭州天寧寺內，還有專門儲藏剩飯的「棧飯樓」，寺僧每日把剩飯曬乾藏之，等臘八這天用此煮成粥，讓信徒們分享，或饋送給施主。因為這是勸誡僧徒勤儉節約的一種美德，吃了可以增福添壽，故稱為「福德粥」或「福壽粥」。上海舊時有一首《竹枝詞》云：

庵寺僧徒日打齋，粥分臘八按門排。

幹菱炒栗兼兜湊，更有庵尼送滿街。

　　該詞真實地記敘了當時佛僧庵尼臘八時給施主饋送臘八粥布道化緣的情景。

　　吃臘八粥作為臘八節的重要典型節日事象，確實受到佛教的影響。其實，早在佛教未傳入中國之前，臘月食粥的習俗已有。追根溯源，南朝梁宗懍《荊楚歲時記》有：「冬至日，量日影，作赤豆粥以禳災。」注云：「按共工氏不才之子，以冬至日死，為疫鬼，畏赤小豆，故冬至日作赤豆粥以禳之。」這段話是說，上古時怒觸不周山的共工有個兒子，冬至死後化為疫鬼，害怕赤豆，所以民間冬至有吃紅小豆粥以祛瘟除疫之風俗，後來又演變成臘八吃紅小豆粥。

　　關於臘八節吃臘八粥，安徽和江浙一帶還流傳著一個與朱元璋有關的故事。朱元璋小時侯家裏很窮，在財主家當放牛娃。有一次，朱元璋放牛回來又冷又餓，恰巧看見牛棚內一隻老鼠叼著一個帶殼的花生，他趕緊追，想讓老鼠放下花生。誰知老鼠叼著花生很快地鑽進老鼠洞裏。朱元璋就找來一把鐵　挖老鼠洞。挖呀挖，挖開了老鼠洞，見裏面有花生、棗、玉米、大米等很多好吃的東西。他把這些東西洗乾淨，找來一口破鍋，再把這些東西放進鍋裏添上水一起煮，滿滿一鍋香噴噴的粥就熬出來了。

　　朱元璋此時肚子正餓，吃了幾大碗，感覺特別好吃。後來朱元璋當了明朝開國皇帝，天天山珍海味，美味佳餚，時間長了也都吃膩了。臘月初八這天，他忽然想起小時候吃的粥，便叫來御廚，讓他按自己所說的去做。御廚

根據朱元璋的口述，用上等江米、小米、花生仁、紅豆等熬了一鍋粥，並加上菱角、栗子、棗子、核桃、松子等作點綴，熬好了獻給朱元璋吃。朱元璋不僅自己吃，還賜給大臣們吃。大臣們吃後紛紛讚不絕口，問這是什麼粥？朱元璋想了想說：「今天正是臘月初八，就叫臘八粥吧！」此後，這種粥便流傳開來，並很快傳到民間。所以，臘八粥的吉祥寓意，既有佛教增福添壽之意，也有民間驅邪除疫之意，是一種雙重複合的風俗，其文化內涵也較深厚。

臘八粥作為節俗吉祥風味食品，很受人們重視。因各地風味、喜好不同，所以配料也不同，總的特點是北甜南鹹，體現了「聚萬物而索饗」的臘祭遺風。關於配料，清富察敦崇的《燕京歲時記》記錄得比較詳細：臘八粥用黃米、白米、江米、小米、菱角米、栗子、紅豇豆、去皮棗泥等，加水煮熟，外用染紅桃仁、杏仁、瓜子、花生、榛瓤、松子及白糖、紅糖、葡萄，以作點染……每至臘月七日，則剝果滌器，終夜經營，至天明時則粥熟矣。除祀先供佛外，分饋親友，不得過午。並且紅棗、桃仁等制成獅子、小兒等類，以見巧思。

臘八粥作為吉祥節日食品，民間還有很多相關的風俗。煮臘八粥時要在天明前煮好，然後讓一家老小一同吃粥。吃臘八粥忌諱遲食，有不過午的禁忌。俗傳食粥早，來年五穀收成早，俗諺有：「誰家煙囪先冒煙，誰家高粱先紅尖。」另外，古時人們還把粥分送給親朋好友，以致祝賀。

舊時還有把臘八粥塗於門上、牆上四處，以除不祥，或占歲求子。農村則在臘八節時把臘八粥塗於桑樹、棗樹上，以求來年六畜興旺、桑蠶豐收、果實累累。還有的地方用臘八粥戲塗婦人身上，用於祈子。河北《邁代縣志》

載：「八日，炊豆，果雜米為粥，曰『臘八粥』。以粥抹果樹上，則多實，或
戲貼婦人背上，以祝生子。」俗信臘八粥多以種子、果子煮成，這些包孕著
植物生命的谷種、果實往往可以轉化為婦女懷孕生育的力量，能產生通感，
使婦女懷孕生子。此俗反映了先民們對自然的信仰和崇拜。

　　根據這種習俗，還有的地方用臘八粥餵家畜家禽，讓六畜興旺、家禽多
繁殖，民間有童謠曰：「臘八粥，臘八飯，小雞吃了就下蛋。」有的在吃粥
前，先把粥灑在門前地上，或 灑向太陽，以祭祀天神、地佬、五穀之神，以
祈求吉祥平安和避邪驅疫。還有的地方在臘八粥中加入中藥，或蔬菜、肉糜
等，以避邪驅疫。清乾隆七年（1742 年）《海陽縣志》載：「十二月八日，以
果實肉菜為糜，名曰『臘八粥』。取兔血合蕎麥麵，加雄黃、朱砂、茶葉為
塊，令幼兒食之，解痘毒。」這種添加中藥成分的臘八粥，也確有藥理根
據，是人們生活經驗的積纍，這是把避邪信仰和藥物功能相結合的產物。

　　由於臘八粥有避邪驅疫的功能，有的地區還引申臘八粥有為花木果樹驅
蟲防病的作用。清光緒十二年（1886 年）河北《涿州志》載：「以各種果實，
去皮核，入諸色米、豆內，制粥食之。且遍置花木上，次年無蟲，且茂
豔。」

　　臘八粥作為吉祥節之食物，至近代，避邪除疫和祈子的意義已漸消失，
但臘八粥象徵豐年的意義仍有遺存。如 1937 年《桓仁縣志》載：「臘八：初
八日，用雜糧八種為粥，以食之，稱為『臘八粥』，含有默慶豐稔之意。」

　　現在，臘八粥不僅成為一種節令吉祥食品，而且也成為一種健身壯體的
平常飲食。根據臘八粥而演變的八寶粥和各類藥粥，如胡蘿卜粥可防高血
壓，米糠粥可治腳氣病，薏苡粥可防癌症，荔枝粥防口臭，玉米粥預防心血

管病，綠豆粥防中暑，百合粥潤心肺，蓮子粥補中強志，菊花糯米粥益氣養顏，荷花葉粥消暑化熱，等等。這些粥不但可治病療疫，還有滋補強身、養顏抗衰、預防疫病的功能。

參考
文獻

- 許慎：《説文解字》（北京市：中華書局，1979年）
- 司馬遷：《史記》（北京市：中華書局，1982年）
- 應劭：《風俗通義》（天津市：天津人民出版社，1980年）
- 吳均：《續齊諧記》（上海市：上海古籍出版社，1988年）
- 宗懍：《荊楚歲時記》（長沙市：嶽麓書社，1986年）
- 葛洪：《抱朴子》（北京市：中華書局，1988年）
- 歐陽詢：《藝文類聚》（上海市：上海古籍出版社，1982年）
- 段成式：《酉陽雜俎》（北京市：中華書局，1981年）
- 徐堅：《初學記》（北京市：京華出版社，2000年）
- 王仁裕：《開元天寶遺事》（北京市：中華書局，1981年）
- 孟元老等：《東京夢華錄》（北京市：文化藝術出版社，1998年）
- 吳自牧等：《夢粱錄》（哈爾濱市：黑龍江人民出版社，2003年）
- 陶穀：《清異錄》（上海市：上海古籍出版社，1988年）
- 陳元靚：《歲時廣記》（北京市：中華書局，1983年）
- 李昉：《太平廣記》（北京市：中華書局，1981年）
- 李時珍：《本草綱目》（北京市：人民衛生出版　社，1985年）
- 劉侗、於奕正：《帝京景物略》（上海市：上海古籍出版社，2001年）
- 富察敦崇：《燕京歲時記》（北京市：北京古籍出版社，1983年）
- 趙翼：《陔餘叢考》（北京市：中華書局，1963年）
- 潘榮陞：《帝京歲時紀勝》（北京市：北京古籍出版社，1983年）
- 葉大兵、烏丙安等：《中國風俗辭典》（上海市：上海古籍出版社，1990年）
- 胡林安：《中華全國風俗志》（上海市：上海書店，1985年）
- 烏丙安：《中國民間信仰》（上海市：上海人民出版社，1996年）
- 鍾敬文：《民俗學概論》（上海市：上海文藝出版社，1998年）

‧ 陳勤建：《中國鳥文化》（上海市：學林出版社，1996年）

‧ 劉玉建：《中國古代龜卜文化》（桂林市：廣西師範大學出版社，1993年）

‧ 王維堤：《龍鳳文化》（上海市：上海古籍出版社，2000年）

‧ 錢理群等：《漫說文化》（長沙市：湖南教育出版社，1997年）

‧ 劉毓慶：《圖騰神話與中國傳統人生》（北京市：人民出版社，2002年）

‧ 郭立誠：《中國民俗史話》（天津市：百花文藝出版社，2005年）

‧ 沈利華、錢玉蓮：《中國吉祥文化》（呼和浩特市：內蒙古人民出版社，2005年）

‧ 喬繼堂：《中國歲時禮俗》（天津市：天津人民出版社，1992年）

‧ 韓廣澤、李岩齡：《中國古代詩歌與節日習俗》（天津市：天津人民出版社，1991年）

‧ 完顏紹元、郭永生：《中國吉祥圖像解說》（上海市：上海書店，1997年）

‧ 黃傑：《宋詞與民俗》（北京市：商務印書館，2005年）

‧ 王文源：《中國吉祥圖說》（北京市：中國工人出版社，2008年）

‧ 宋立達：《具象吉祥》（北京市：金城出版社，2007年）

‧ 萬建申：《中國民間禁忌風俗》（北京市：中國電影出版社，2005年）

‧ 焦宏昌：《中外禁忌與禮俗》（北京市：中國人民大學出版社，1990年）

‧ 佛洛伊德著、楊庸一譯：《圖騰與禁忌》（北京市：中國民間文藝出版社，1986年）

‧ 劉錫誠、王文寶：《中國象徵辭典》（天津市：天津教育出版社，1991年）

‧ 李振球、喬曉光：《中國民間吉祥藝術》（哈爾濱市：黑龍江美術出版社,2000年）

‧ 左漢中：《中國吉祥圖像大觀》（長沙市：湖南美術出版社，2001年）

‧ 王瑛：《中國吉祥圖案實用大全》（天津市：天津教育出版社，1994年）

‧ 李祖定：《中國傳統吉祥圖案》（上海市：上海科學普及出版社，1989年）

‧ 黃澤煊：《中國吉祥圖案剪紙》（鄭州市：河南文藝出版社，1992年）

‧ 易思羽：《中國符號》（南京市：江蘇人民出版社，2005年）

後記

哪個民族不祈望吉祥、團結、凝聚？哪個國家不祈望吉祥、和諧、昌盛？哪個家庭不祈望吉祥、美滿、幸福？哪個人不祈望吉祥、安康、順遂？吉祥是人們的共同心願和追求。

中華民族歷史悠久，源遠流長。五六千年前，原始先民們還處於蒙昧時代，由於生產力極端低下，對自然界中的一些現象難以理解，從而產生恐懼心理。為了慰藉心理，他們只好借助自然物（圖騰物）和神的力量來行事，由此產生了對自然物和神的崇拜和信仰，並不斷融入生活、生產中，形成了一種吉祥民俗文化，一直豐富著我國的文化寶庫，孕育、滋潤著我國其它文化、文學門類。如我國藝苑中那些木雕、石刻、年畫、剪紙、吉祥民俗圖案等，無不在吉祥民俗文化的沃土中汲取著大量營養；再如我國文壇的第一部詩歌總集《詩經》，偉大愛國詩人屈原的《離騷》、《九歌》，漢魏六朝樂府，唐詩宋詞，明清小說等大量文學經典，無處不充滿著濃鬱的民俗文化的氣息。試看，《紅樓夢》中的很多情節和人物，都與吉祥民俗文化息息相關，緊密聯繫。可以說《紅樓夢》就是我國一部吉祥民俗文化的寶典。吉祥民俗文化是中華民族的根文化、母體文化、元典文化。

本書命名為《中國吉祥民俗文化》，正是以吉祥為主題，以文化為基礎，將民俗和藝術結合起來，在編寫中突出了三大特色：

一是全方位、多視角地展示了各個歷史時期的吉祥民俗文化特點。本書把吉祥文化結合民俗事象進行了較為深入細緻的描述和闡釋，並把吉祥文化分為三大部分：婚育、壽誕和節日，基本上涵蓋了人們生活的角角落落，各

個方面，可以說是一本吉祥民俗文化的百科全書，讓讀者穿越歷史的時空，真實地瞭解、體味到中華吉祥民俗文化的精深和豐厚。

二是全方位、多視角地展示了吉祥民俗文化的內涵和多元因素。本書在介紹民俗事象中，以吉祥物為載體，並串入名人軼事、民間故事、歷史掌故、民風民俗、歌謠俚語、詩詞曲賦、各類知識等，使本書內容豐富多彩，趣味盎然，既有可讀性，又有研究價值，讓讀者在閱讀中汲取到更豐富的文化滋養。

三是全方位、多視角地展示了吉祥民俗文化的藝術價值和欣賞價值。很多歷史文化類圖書多為長篇理論，缺少圖片資料，本書正是以淺顯易懂的通俗語言，結合書中內容，精選了大量相關的民間吉祥圖案、剪紙、石刻、年畫等藝術繪畫和插圖，文圖對照，相得益彰，使人耳目一新，閱讀輕鬆。本書既可以幫助讀者瞭解到很多吉祥文化、民俗事象等知識，又可作為美術資料，供美術工作者和民俗愛好者參考欣賞。

由於筆者知識淺薄，文筆拙陋，在編寫中難免有不當和錯誤之處，敬請專家同仁們和讀者不吝賜教。為了讓讀者更直觀地感受到吉祥文化的民俗風情，根據內容需要李冉、鄭潔等人特選用了一些民俗吉祥圖案，

因作者地址不清，無法與作者取得聯繫，希望有關作者看到此書後和我們及時聯繫，以便奉寄樣書和稿酬。特別值得一提的是，李冉同志根據內容需要作了一些插圖，使本書錦上添花。在此一併表示誠摯謝意，並祝廣大讀者和幫助、支持本書出版、發行的同志吉祥如意、萬事順達！

作者

吉祥民俗文化・F

中華文化思想叢書 A0100038

中國吉祥民俗文化　下冊

作　　者	李湧、李道魁
責任編輯	蔡雅如
發 行 人	陳滿銘
總 經 理	梁錦興
總 編 輯	陳滿銘
副總編輯	張晏瑞
編 輯 所	萬卷樓圖書股份有限公司
排　　版	菩薩蠻數位文化有限公司
印　　刷	百通科技股份有限公司
封面設計	斐類設計工作室

出　　版　昌明文化有限公司

桃園市龜山區中原街 32 號

電話 (02)23216565

發　　行　萬卷樓圖書股份有限公司

臺北市羅斯福路二段 41 號 6 樓之 3

電話 (02)23216565

傳真 (02)23218698

電郵 SERVICE@WANJUAN.COM.TW

大陸經銷

廈門外圖臺灣書店有限公司

電郵 JKB188@188.COM

ISBN 978-986-496-023-1

2017 年 7 月初版

定價：新臺幣 260 元

如何購買本書：

1. 劃撥購書，請透過以下郵政劃撥帳號：

　　帳號：15624015

　　戶名：萬卷樓圖書股份有限公司

2. 轉帳購書，請透過以下帳戶

　　合作金庫銀行　古亭分行

　　戶名：萬卷樓圖書股份有限公司

　　帳號：0877717092596

3. 網路購書，請透過萬卷樓網站

　　網址 WWW.WANJUAN.COM.TW

大量購書，請直接聯繫我們，將有專人為您

服務。客服：(02)23216565　分機 10

如有缺頁、破損或裝訂錯誤，請寄回更換

國家圖書館出版品預行編目資料

中國吉祥民俗文化 / 李湧, 李道魁著 . -- 初
版. -- 桃園市：昌明文化出版 ; 臺北市：萬
卷樓發行, 2017.07　冊 ;　　公分. -- (中華文化
思想叢書)

ISBN 978-986-496-023-1(下冊 ：平裝)

1.民俗 2.中國文化 3.通俗作品

538.82　　　　　　　　　　　　106011193

本著作物經廈門墨客知識產權代理有限公司代理，由中原農民出版社有限公司授權萬
卷樓圖書股份有限公司出版、發行中文繁體字版版權。